侍ジャパン戦士の青春ストーリー

僕たちの高校野球3

SPECIAL EDITION

ベースボール・マガジン社／編

INTRODUCTION
色褪せない熱球物語

文＝斎藤寿子

2023年3月に開催されたワールド・ベースボール・クラシック（WBC）。それは野球というスポーツの醍醐味がすべて詰め込まれた大会だった。その頂点に立った侍ジャパンは日本のみならず、世界の野球ファンも魅了してやまなかった。

世界トップレベルの技術に彩られた好プレー。最後まであきらめない粘り強さ。仲間を信じ、相手を敬う心。そして、何より野球が好きだという気持ちが表れた彼らの一挙手一投足に心を揺さぶられ、高揚した人は少なくなかっただろう。

そんな侍ジャパンのメンバーが共通して持っている「原点」が高校野球だ。聖地・甲子園を目指して、チームメートと汗を流し、ライバルと切磋琢磨した3年間。そこで磨かれたのは野球の技術だけではない。挫折や悔しさを味わい、苦しみを乗り越えた先には野球選手としてだけでなく、多くのことを学んだかけがえのない時間になっている。

『僕たちの高校野球』シリーズの第3弾となる本書は、7人の侍ジャパン戦士と、その恩師や仲間にインタビュー。甲子園という舞台を踏んだ選手もいれば、夢叶わずして高校生活を終えた選手もいる。しかし、高校野球という特別な時間を振り返った時、真っ先に口にしたのは誰もが皆、同じだった。それは「人としての成長」だ。

今を輝くプロ野球選手たちの人生も山あり谷あり。果たして彼らはどのように道を切り拓いたのか。そのカギを握る高校野球にスポットを当てた「7つの青春ストーリー」をお楽しみいただけたら幸いである。

侍ジャパン戦士の青春ストーリー
僕たちの高校野球3
SPECIAL EDITION

CONTENTS

取材・文／斎藤寿子（スポーツライター）
写真／ベースボール・マガジン社／
大分合同新聞社／共同通信イメージズ（源田壮亮）
校閲／中野聖己
装丁・デザイン／イエロースパー

青春ストーリー1

源田壮亮

［大分商高ー愛知学院大ートヨタ自動車ー埼玉西武ライオンズ］

小さな高校球児が日本を代表する遊撃手へ

決して派手さはないが、軽快なフィールディング、卓越したグラブさばき、そして素早いスローイングと華麗な守備でファンを魅了してやまない職人。それが源田壮亮だ。プロ1年目の２０１７年、開幕から遊撃手のレギュラーポジションを獲得した源田は、全１４３試合にフル出場し、堅実な守備とともに、打撃でも１５５安打、３本塁打、57打点、37盗塁、打率・２７０をマーク。球界では56年ぶり４人目となる新人野手の全試合フルイニング出場を果たし、新人王に輝いた。さらに安打数、盗塁数、得点数などでも球団の新人記録を更新した。

翌18年からは5年連続で遊撃手部門のゴールデン・グラブ賞を獲得。23年３月に行われた第5回ワールド・ベースボール・クラシック（ＷＢＣ）では右手小指の骨折というケガを押して出場し続け、３大会ぶり３度目となる侍ジャパンの優勝に貢献した。「もちろん大会期間中は楽しいことばかりじゃなくて、苦しいこともたくさんありました。でも自分が好きな野球のことで苦しんだり、悩んだりすること自体が幸せなこと。そんな僕たちの姿を見て、子どもたちが野球を好きになってくれたらいいなという思いでプレーしていました」と源田。普段は温和な性格で知られ、その人間性も高く評価されている男は、20年からはライオンズのキャプテンも務める。そんな名手の高校時代は、どんなものだったのだろうか。

「上書き」されたタイムカプセル

１９９３年2月16日、源田は大分市で産声を上げた。野球が好きな父・光明さん、源田が泣いていると叱咤激励するなど肝が据わった母・靖子さんの愛情をたっぷりと受けて育った。

幼少時代から運動神経は抜群で、２歳で補助輪を外した自転車を乗りこなした。さらに幼稚園のころにはすでに縄跳びの二重跳びもなんなくできた。

そんな〝壮亮少年〟が子どものころ、最初に好きになったスポーツはサッカーだった。ちょうどそのころ、２００２年日韓サッカーワールドカップの試合会場にもなった大分スポーツ公園総合競技場（現・レゾナックドーム大分）が完成。地元の大分トリニータがＪ１の強豪チームだったこともあり、サッカーがトレンドだった。

源田も、幼稚園卒園の時に埋めたタイムカプセルの中に入れた自分宛ての手紙に「将来の夢はJリーガー」と書いたほど、夢中になって2歳上の兄とサッカーボールを追いかけていた。

しかし、やはり野球選手になる星の下に生まれたのだろう。源田自身も後でタイムカプセルを開けた時に初めて知ったというが、「Jリーガー」と書いたはずの手紙には「プロ野球選手」と上書きされていた。

「僕も全然知らなかったので、10年後くらいにタイムカプセルを掘り起こして見た時にびっくりしたのですが、明らかに大人の字で『プロ野球選手』と(笑)。昔から野球が好きだった父が、『野球選手になってもらいたい』という思いで書いたのだと思います」

その後、自身も中学校まで野球部に所属し、2人の息子に野球をやらせたいと考えていた父・光明さんとのボール遊びをきっかけに、源田も少しずつ野球に関心を抱くようになっていった。小学校入学後は帰宅するとすぐにボール、バット、グラブを持ち出し、夕暮れまで友だちと遊ぶのが日課だった。

また、「野球選手としての基礎体力作り」を考えていた父・光明さんの勧めでスイミングスクールにも通った。するとオリンピック選手を育てたコーチから競泳選手としての素質の高さを買われ、熱心に勧誘を受けたという。さらに走れば、学校では運動会の徒競走でもマラソン大会でも学年トップクラスと、身体能力に優れた少年だった。

地元の大分市明野地区には少年野球チームはなかったが、その代わりにソフトボールが盛んでチームがいくつもあった。源田も小学2年生の時に兄が所属する「明野西少年ソフトボール部」に入り、週3日、練習に通った。ポジションはショートで、当時から守備には定評があった。源田自身、「無駄のないステップでできるだけ早く捕球して、すぐに送球するという習慣はソフトボールをやっていた小学校時代に培われたもの」と語っているとおり、塁間が少年野球（高学年）の23メートルに比べて、16・76メートルと短いソフトボールでは、それだけ捕球してから早く送球しなければならず、内野守備に必要な基礎や感覚はこのころに養われたものだとされている。6年生の時にはキャプテンを務め、エースとしての役割も果たした。

中学校に入ると、硬式野球の「明野ビッグボーイズ」（現・大分明野ボーイズ）に入り、やはり守備で鳴らした。一方、バッティングはソフトボール出身ならではの苦労があった。ソフトボールでは投手が下から投げるボールに対して、上から切るようなスイングで打っていた。しかし、腕を上から振り下ろすようにして投げてくる野球では、それが通用しなかった。

「今日の夜、バッティングセンターに行きたい」

源田はよく父親の職場にそう言って電話をかけた。そんな時、父・光明さんはどんなに仕事で疲れていても、帰宅すると車で20分ほどのところにあるバッティングセンターに連れて行ってくれた。そして息子の気の済むまで付き合ってくれた。

ただ源田には努力ではどうしようもない悩みがあった。体が小さいことだった。

「中学3年生の最後の大会で身長は150センチ台と、学校でも背の順に並ぶとずっと一番前だったほど小さかったんです。足は速いほうでしたが、パワーもなかった。だから どうやったら試合に出られるかを考えた時に、とにかく守備を頑張ろうと思いながら練習していました」

当時から群を抜いていた守備力

天性の才能に努力が掛け合わされた源田の守備は、中学時代もグラブさばき、フィールディングのいずれも同級生の中では群を抜いていた。

その素質の高さにほれ込んだのが、当時大分商高で指揮していた吉野賢一郎監督（現・大分県教育委員会体育保健課）だった。実は源田にはいくつかの高校から声がかかっていた。しかし、その中で最も熱心だったのが、吉野監督だったという。当時はセカンドを守っていたが、吉野監督の頭の中にはすでにショートとして守備の中心になってチームをけん引する源田の姿があった。

県内唯一の商業専門高校である大分商高は１９１７年に創立。「士魂商才」「質実剛健」を校訓とする男女共学の公立高校だ。創立から４年後の21年に創部した野球部は、24年の第10回大会から大分大会に出場し、31年夏に甲子園に初出場を果たした。翌32年にはセンバツにも出場し、それ以降、夏は県内最多の15回、春夏合わせると22回の出場を誇る。

最高成績は通算5回のベスト8。そのうちの1回、春夏連続出場し、2回戦敗退となったセンバツでの悔しさを糧にして夏に8強入りした79年、攻守の大黒柱としてチームをけん引したのが、岡崎郁（現・大分B-リングス〈独立リーグ・九州アジアリーグ〉ゼネラルマネジャー）だ。翌80年にドラフト3位で読売ジャイアンツに入団し、堅守強打の内野手として活躍した岡崎や、古くはプロ1年目（1950年）で最多勝、最優秀防御率、新人王のタイトルに輝き、〝火の玉投手〟の異名を取った本格派サウスポーの荒巻淳など、多くのプロ野球選手を輩出してきたことでも知られる。そんな県内屈指の伝統校である大分商高の指揮官に注目してもらえたことに、源田自身も喜びしかなかった。

「中学3年の時に吉野監督から『源田君がショートをやって、一緒に甲子園に行こう』と言っていただき、それがすごくうれしかったんです。それに、大分県のほかの中学校からもいい選手が大分商高に入ると聞いていたので、それなら強いチームになって甲子園も狙えるんじゃないかなと」

2008年4月、源田は大分商高に入学。高校での練習は中学校の時とは厳しさも量も比べものにならなかった。特に入学当時の身長が158センチと新入生の中でもひときわ体が小さかった源田には「きつかったという思い出しかない」という。最も過酷だったのは、冬場のトレーニング。中でも水球部のプールを使ったトレーニングは思い出深いという。

「大分商高は水球部も強いのですが、僕ら野球部のグラウンドの真横に水球部が使用する屋内プールがあるんです。普通のプールと違って水球のプールはとても深いので、当然足が着かない。そのプールに重りとしてボールを持って入るんですけど、ボールに水をつけてはいけないから、ずっと腕を上げたまま立ち泳ぎをしなくてはいけなくて。それがもう、めちゃくちゃきつかった……。部員の中には泳げない選手もいたのですが、一人でも水面にボールがついたら時間が加算されてしまうので、泳げる選手たちみんなで体を持ち上げるようにして支えなければいけなかったんです。もうみんなでプールの中で〝やばい、やばい〟と言いながらやっていましたね（笑）」

もう一つ、当時の大分商高ならではのトレーニングといえば、丸太を抱えて走るタイム走だ。

「ホームベースからライトポールへ走り出し、そのあとセンターへ。そこからレフトポールへ行き、ホームに戻ってくる。その間、設定されたタイムを1人でもオーバーすると全員でもう1回走らなければいけませんでした。丸太は重さも結構あったし、何より持ちづらいので、それを抱えながら走るのは本当にきつかった」

なぜ吉野監督は常に連帯責任を重んじたのか。それは「一人ひとり、絶対に役割がある」ということを伝えるためだった。

「甲子園を目指すにしても、試合に出ている選手の力だけでは成し遂げることは絶対にできません。練習を手伝ってくれる裏方など周囲のサポートが必要ですし、本当の意味でチームが一体とならないといけない。吉野監督には客観的に自分のことをとらえて、自分がチームのために何ができるかを考えて動きなさい、と言われていました。だからチームの中でどういったことをやればベストなのか、高校時代から深く考える習慣が身に付いていたと思います」

野球人生の大きな転機

入部当初の源田は俊敏性には長けていたが、強肩というほどではなく、ショートの定位置から一塁までノーバウンドでは送球できなかった。しかし当時キャプテンを務め、ショートのレギュラーだった3年生の先輩との居残り練習で、みるみるうちに上達していった。さらに吉野監督の指導方針により、グラブの下につける守備用手袋を使用しなかったことも、捕球の感覚を養い、高い守備力につながった。壁があればボールを投げて捕球の練習をするなど、ちょっとした間も惜しんで練習を積み重ねた源田は、まもなくしてメンバー入り。同年夏の大分大会には、背番号「16」でベンチ入りした。

その2年後、源田が3年の春に大分商高に赴任してきた渡邉正雄監督（現・佐伯鶴城高監督）は、当時は中津工高野球部の部長を務めていたが、同じ大分市内の大分商高とは練習試合や合同合宿をするなど頻繁に交流があった。そのため、当時から源田のこともよく目にしていた。

「まだ身長も小さかったので、初めて見た時はそれほど特別な印象は持ちませんでしたが、それでも小柄な動きのいい選手が1年生にいるなというふうには思っていました。実際に試合で対戦した時には、プレーのうまさに感心しました。下級生でありながら、すでに勝敗を左右するような要の存在でしたので、すごいなと思っていました」

源田にあったのは才能だけではなかった。当時の大分商高野球部関係者の耳には、こんな話が入っていた。「他校の監督さんで、源田と同じマンションに住んでいる方がいらっしゃったんです。その監督さんは、夜、一生懸命にバットを振っている彼の姿をよく見かけていたそうです」。

努力の人でもあった源田は、1年の夏の大会が終わり、3年生が引退して新チームになるとレギュラー入りし、秋の県大会に出場。それ以降はショートが源田の定位置となった。

今や日本球界が誇るショートストップとして名を馳せている源田だが、守備への意識をより高めた、ある出来事が高校時代にあった。

「たしか、1年の秋か冬だったと思います」

そう源田が語り出したのは、ある日の練習でのことだった。いつものようにノックを受けていると、突然目の前でイレギュラーした打球が、顔を直撃したのだ。歯が折れ、口の中は血まみれになっていた。四つん這いの状態でしばらく動けなかったが、それでもなんとか近くに転がっていたボールを捕り、一塁へ送球した。だが、その後はとても動ける状態ではなかった。練習を抜けてすぐに病院に行き、治療をしてもらった。結局、6本の歯が折れていた。

「それ以降、打球に恐怖心を抱くようになって、それまでのようにうまく捕球できなくなってしまいました。打球が自分のところに飛んでくると、全部顔に来るイメージが脳裏に浮かんで、どうしても体が逃げちゃうんです。それを克服するのには、相当な時間を要しました」

不安な気持ちを周囲には悟られないようにしながら、とにかく練習を積み重ねた。なんとか嫌なイメージが浮かんでこなくなったのは、半年を過ぎてからのことだった。

もう一つ、源田には辛かったことがあった。ご飯を食べられなかったことだ。体が人一倍小さかった源田にとって、それは過酷な日々だったという。

「歯を治療している間は固いものを食べることができなかったので、そうめんとか、うどんとか、そういうものを流し込むだけでした。体重を増やさなければいけなかったのに、食事がまともにできなくて、それは辛かったですね」

ただ、野球人生の大きな転機の一つになったことは間違いなかった。

「いくらイレギュラーしたとはいえ、顔に打球を当てるということは下手な証拠だなと思ったんです。だからそれからはバウンドを先読みして、体をどう入れるかをより考えるようになりました。どんなにイレギュラーしたボールでも、しっかりとミットに入れられるような体勢で捕球ができるようになったのは、あの時に痛い思いをしたからこそだったと思います。もう絶対に当たりたくなかったですからね（笑）」

努力の積み重ねが生んだ成果

大分商高は、源田が入学した08年までに春5回、夏14回甲子園に出場した実績を持つ県内屈指の強豪校として知られていた。しかし、97年に春夏連続出場したのを最後に、全国の舞台から遠ざかっていた。

源田が入学した後も、チームはなかなか結果を残すことができずに苦しんだ。1年春は大分大会でベスト4に進出し、11年ぶりの甲子園出場を期待されたが、夏は初戦敗退。さらに秋も初戦で敗れ、早々とセンバツへの道が閉ざされた。

2年春も2回戦で日田林工高に0対6と完敗を喫し、夏は3回戦で同じ2年生で正捕手を務め、打線でも中軸を担った甲斐拓也（福岡ソフトバンクホークス）擁する楊志館高に1対3で敗れた。源田たちの学年のチームとなった秋も、楊志館高にリベンジできず、初戦で姿を消した。

その年の冬は悔しさを糧にトレーニングに励んだ。すると翌春、チームはようやく本領を発揮。準決勝までの4試合中3試合を完封勝ちと投打がかみ合った大分商高は決勝に進出した。最後は明豊高に0対1で惜しくも敗れ、優勝には至らなかったが、夏への期待が大きく膨らんだことは間違いなかった。

源田自身も身長が入学時から約20センチ伸び、単に俊敏性があり、小技がうまい選手ではなく、強い打球を遠くに飛ばせる選手へと成長していた。源田の中で進路が変わり始めたのはこのころのことだ。それまで高校卒業後は野球を辞めて地元の大分で就職する道を考えていたが、「この体なら卒業後も野球を続けられるかもしれない」と思うようになったのだ。

その年の4月に大分商高に赴任し、秋まで副部長を務めた渡邉監督（同年冬から22年3月まで同校監督。4月に佐伯鶴城高校野球部監督に就任）は、源田のあまりの成長ぶりに驚きを隠せなかったという。中でも動きの良さが変わっていないことに非凡さを感じていた。

「普通は急激に身長が伸びたり、体重が増えたりすると、どこか体に支障が出たり、動きがぎこちなくなったりして、逆にそれまでできていたことができなくなることもよくあるんです。ところが、源田の動きの良さや足の速さはまったく変わりませんでした。これには驚きましたね」

渡邉監督は、源田が卒業して以降の大分商高や現在の佐伯鶴城高から、20年のセ・リーグ新人王の森下暢仁（大分商高―明大―広島東洋カープ）をはじめ、プロ野球選手を複数、輩出してきた。その彼らと比べても、源田ほど自分自身の体の使い方がうまい選手は他にはいなかったという。それほど源田には体をバランスよく動かすことに関して天賦の才があった。

「身長が伸びれば走る時の足の運び方も変わりますし、パワーがつけばスイングスピードが変わりタイミングも変わってくる。だからこそ迷ったり悩んだりする選手が多い中、源田は体とともに自分のパフォーマンスをも成長させていくことができていました。だからどんなに体つきが変わってもマイナス要素がまったくありませんでした。体の使い方というのは、教えられてそう簡単にできるものではありません。まさに生まれ持った才能だと思います」

もう一つ、渡邉監督が源田の能力の高さに驚いたことがあった。堅実な守備の裏側にあった、判断力だった。

「源田はピッチャーが1球、1球投げるたびに、キャッチャーの構えに合わせて打球の方向を予測し、微妙に守備位置を変えていたんです。これは教えてもなかなかできるものではありません。ところが彼は自然にそれができていた。初めてその姿を見た時は〝こんなことが高校生でできてしまうのか〟と衝撃的でした。というのも、高校生レベルではピッチャーのコントロールもそれほど正確ではないので、予測とは逆方向に打球が来ることも少なくありません。でも、源田はたとえ逆をつかれても、次もやっぱり位置を変える。高校生でこれだけのこだわりを持って守備に就く選手はそうはいないと思います。私が指導した中では、後にも先にも源田一人です」

そして、こう思った。

「こういう選手がプロに行くんだろうな」

その後、プロ野球選手を送り出した渡邉監督にとって、この時の源田が基準の一つになったという。

「しかもすごいと思うことを、当の本人はそんなこと全然思っていなくて、飄々とやってしまう。これはちょっと次元が違うなと思いました」

源田が卒業後、彼にあこがれて大分商高に進学し、ショートを希望する選手が多かった。一時は部員の半数がショートを希望するほどで、同校からプロの世界に入った川瀬晃（福岡ソフトバンクホークス）や、廣澤伸哉（元・オリックス・バファローズ）も、源田の背中を追った一人だった。

悔し涙を流したあの日

さて源田の最後の夏、シード校として迎えた大分大会、大分商高は2回戦からの登場だった。まずは初戦の別府青山高戦は15安打10打点の猛攻で6回コールド勝ち。三番・ショートの源田も4打数2安打2打点の活躍だった。

続く3回戦では大分上野丘高を8対1で7回コールド勝ち。源田は4打数3安打3打点と攻守走三拍子そろった実力を遺憾なく発揮した。

準々決勝の相手は、日田林工高。前年春に完封負けを喫した強豪校だ。結果は0対2。相手の4安打を上回る7安打と打線も奮起したが、ランナーを一度も生還させることができなかった。

3打数1安打だった源田は、「あっという間に試合が終わってしまった」と語る。試合後は、もうこのメンバーで野球ができないこと、結局甲子園には一度も足を踏み入れないまま高校野球が終わってしまったことが悲しく、寂しかった。みんなで悔し涙を流したあの時のことは、今も鮮明に記憶に残っている。


ただ一方で、源田にはほんの少しの解放感と、そして次の道でまた頑張ろうという気持ちも混ざっていた。

「もちろん負けて悔しいという気持ちが一番でしたが、練習が本当に苦しかったので、正直ちょっとほっとしたところもありました。それとすでに大学に進学して野球を続けることを決めていたので、この悔しい気持ちを糧にしてまた次も頑張ろうという気持ちがありました」

夏の大会が終わり、しばらくすると、グラウンドには後輩たちと一緒に汗を流す源田の姿があった。

「今振り返ると、高校の2年半なんて一瞬だったなと思いますが、当時は1日というか、練習の時間が長く感じていました。それでもチームのみんなと〝しんどいなぁ〟と言いながらも毎日頑張って練習をした日々は、今となっては本当にいい思い出です。いまだに同級生たちとは付き合いが続いていますし、僕の試合も見に来てくれたりするんです。僕の人生にとって、かけがえのない時間だったなと思います」

高校時代の源田について、渡邉監督はこう振り返る。

「あまり口数が多いほうではありませんでしたが、決断力と実行力に長けた選手でした。例えば試合で〝ここはつないでほしい〟と思うところではしっかりとチームバッティングをしますし、フルカウントから四球を選んだりしてくれる。誰に言われなくても、率先してそういうことができる選手でした。でも、それは技術的にうんぬんというだけでなく、人間性が超一流だったからだと思います。彼はどんなに活躍しても、プレーが派手になったり、えらぶった態度をとることは絶対にありませんでした。それが今もまったく変わっていないのが、うれしいですね」

渡邉監督がほれ込んだ決断力は、進路を決めるうえでも同じだった。甲子園には一度も出場することができなかったが、どんな打球にもスピード感あふれる軽快なフィールディングで対応する抜群の守備に関してはプロのスカウトからも高く評価されていた。「源田が打球を捕りにいくというよりも、打球が源田のグラブに吸い込まれていくようだった」と言う野球関係者もいたほど、源田のセンスは光っていた。そのため、大分大会後にはスカウトから指名の話が来ていた。渡邉監督は「当然、志望届を出すだろう」と信じて疑わなかった。ところが、源田の大学進学という考えはまったく揺れなかった。

「もしもあの時、志望届を出していたら、おそらくどこかの球団が指名してくれていた可能性は非常に高かったと思います。実際に複数の球団からは確実に指名する意向だということを聞いていましたから。でも、源田の気持ちは一切ブレませんでした。〝大学に行ったからといって、チャンスがまた来るとは限らないぞ〟という話もしたのですが、彼が迷うことはなかったですね。〝僕は今じゃない〟ときっぱりと言って〝大学に行きます〟と。高校生でこれだけの決断をスパッとできるのはすごいなと思いました」

後輩たちを照らす「源田さんライト」

高校卒業後、源田は愛知学院大に進学し、レギュラーとなった1年秋には、打率・313と愛知大学1部リーグ優勝に貢献。明治神宮大会では準優勝と、高校では叶わなかった全国の舞台で活躍した。主将を務めた4年春はチームをリーグ優勝に導き、最優秀選手賞を初受賞、秋は敢闘賞とベストナインの2冠に輝いた。

大学卒業後は、トヨタ自動車でプレー。実は大学時代もプロのスカウトから指名の話があったが、源田はやはり「まだ今じゃない。2年後を目指します」とさらっと言いのけて、プロ志望届を提出しなかった。

トヨタ自動車では1年目から試合に出場。基本に立ち返り、日々3〜4時間の特訓でさらに守備力に磨きをかけた2年目には都市対抗野球で初優勝。チームは全5試合で無失策を誇り、その要となった源田は優秀選手賞（遊撃手）を受賞した。結局、公式戦全試合にフル出場しながら一度もエラーを記録しなかった源田は、その年（16年）の秋に行われたドラフト会議で埼玉西武ライオンズから3位指名でプロ入りを果たした。

当時は高校を卒業して6年が経っていたが、母校に対する愛情はひとつも変わってはいなかった。プロ1年目、源田は大分商高に立派な内野の照明設備を寄贈した。それまで小さな照明があっただけだったグラウンドでは、夕方以降は打球がほとんど見えなくなるため、暗くなると危険だからと練習ができなかった。それが寄贈した設備のおかげで、今ではたっぷりと練習することができるようになった。

２０２２年春、大分商高は佐伯鶴城高に異動となった渡邉監督の後を継いで県内最年少の27歳という若さで指揮官に就任した長吉勇典監督のもと、再スタートを切った。同年7月からは那賀誠監督が指揮を執り、秋季大分大会では決勝に進出し、明豊高には1対2で惜しくも敗れたものの準優勝。九州大会では1回戦の神村学園高（鹿児島）に10対0で6回コールド勝ちすると、準々決勝では東福岡高（福岡）に2対1で競り勝ち、4強入りを果たした。

そして翌23年1月27日には同校に朗報が届いた。第95回記念選抜高校野球大会の出場が決まったのだ。春は00年にも代表校に選出されており、記録としては3年ぶり7度目だったが、同年は新型コロナウイルス感染拡大の影響で大会が中止。夏にセンバツ出場校が招待される形で交流試合が行われたものの、実質は13年夏以来となった甲子園出場に同校が沸いたことは言うまでもない。源田も前年の年末に同校を訪れ、激励の言葉を贈っていた。

甲子園へと導いたのは、伝統である大分商高らしい守りの野球だ。日が短く、夕方になるとすぐに暗くなってしまう冬場にもしっかりと守備を磨くことができたのは「源田さんからいただいたライトのおかげです」と、選手からは偉大な先輩への感謝の言葉も聞かれた。

このことについて聞くと、源田は少し照れくさそうにしながら、こう答えた。

「プロになったら母校のために何かしたいなという気持ちはずっとあったので、照明設備を贈らせていただいたのですが、野球部の後輩たちが少しでも喜んでくれていたらうれしいです」

後輩たちから「源田さんライト」と呼ばれている照明設備はバックネット上から、練習熱心な後輩たちを見守るように明るく照らし続けている。

強い覚悟で臨んだWBC

21年には東京2020オリンピックに日本代表として出場し、悲願だった金メダル獲得に貢献。それまでのプロ野球選手としての活躍も合わせて、源田には大分市民栄誉賞が贈られた。

そして、23年にはWBCの侍ジャパンにも名を連ねた。このニュースに故郷の大分では喜んだ人は少なくなかっただろう。そのうちの一人が、渡邉監督だった。

「大学でも1年から全国で活躍したにもかかわらず、日本代表にはなかなか入れなかった。源田からも〝今回もダメでした〟という報告をもらっていたんです。もちろん彼が愚痴を言ったり、弱音を吐くようなことは一度もありませんでしたが、やはり悔しい気持ちはあったと思うんです。東京オリンピックの時も侍ジャパンの一員でしたが、なかなか試合に出場することができなかった。そんな中で、WBCでは中心メンバーの一人として選ばれました。彼が苦労してきたことを知っていた分、喜びがこみ上げました」

その源田にアクシデントが起こったのは、3月10日、1次ラウンド第2戦の韓国戦でのことだった。走塁中に右手の小指を骨折。チェコ戦、オーストラリア戦と2試合連続で欠場を余儀なくされた。WBC直後に大事なシーズンが控えていることを考えれば、無理はさせられない。もしかしたら準決勝以降のアメリカラウンドに源田の姿はない可能性も十分に考えられた。

ところが、負けることが許されない決勝トーナメントに入ると、スタメンに復帰。骨

◀高校3年時の春季大会でタイムリーを放つ源田（写真＝大分合同新聞社／共同通信イメージズ）

折した右手小指にはテーピングが巻かれていたが、ケガをしていることを微塵も感じさせない好守備を披露し、チームを支えた。さらにバッターボックスには右手の小指部分を切り取った打撃用手袋をはめて立ち、準々決勝から決勝までの3試合をフル出場した。代走とサードの守備固めというバイプレーヤーに徹した東京2020オリンピックとは異なり、WBCではまさに要の一人。チームになくてはならない存在だった。

優勝を飾った後、帰国してチームに合流した源田は開幕から試合に出場するつもりでいたが、球団側は治療を優先させ、開幕一軍は見送られた。結局、源田が一軍の試合に出場したのは、5月末のことだった。

それほどの大ケガだったにもかかわらず、なぜ源田はWBCで強行出場したのだろうか。強い決意の裏側には、栗山英樹監督からのこんな言葉があった。

「どんな状態でも源ちゃんがチームにいてくれれば、僕は優勝できると思っている」

侍ジャパンに選出された当初から、栗山監督から数々の熱いメッセージをもらっていたという源田は「絶対にチームの力になるんだ」という強い覚悟を持って臨んでいた。だからどんなことがあっても、自分が必要とされる限り、全力でプレーしようと考えていた。源田にとっては、ただそれだけのことだった。

そして、これからもその考えは変わらない。

「今は野球の競技人口が減少している時代だからこそ、国内トップである僕たちプロ野球選手がプレーや姿勢で、野球ってこんなに楽しいものなんだよ、ということを伝えていけたらと思っています。そして高校球児や子どもたちに言いたいのは、みんなが可能性しかないということ。終わってみれば時間は本当にあっという間に過ぎるので、後悔がないように1日、1日を大切にして、失敗を恐れずに、いろいろなことにどんどんチャレンジしていってほしいと思います」


高校入学時は身長158センチ。現在も179センチとプロ野球選手としては決して体格に恵まれたほうではない。それでも努力する才能と、自分を信じて決断する勇気が、源田にはあった。

2023年で30歳。酸いも甘いも経験したプロの職人として、今後もさらに磨き抜かれた美技を披露してくれるに違いない。

源田壮亮にとって「高校野球」とは?

「今は高校の2年半なんて一瞬だったなとも思いますが、
当時は1日がとても長く感じました。
それでも、みんなと毎日頑張って練習をした日々は、
僕にとってかけがえのない時間です」

▶大分商高時代の主な戦績

2009年秋　大分大会	1回戦	揚志館	●	2-3
2010年春　大分大会	2回戦	大分豊府	○	8-0
	3回戦	別府商	○	15-3
	準々決勝	柳ヶ浦	○	3-0
	準決勝	津久見	○	1-0
	決勝	明豊	●	0-1
2010年夏　選手権大分大会	2回戦	別府青山	○	10-0
	3回戦	大分上野丘	○	8-1
	準々決勝	日田林工	●	0-2

甲子園に出場した選手は学年に関係なく、出場年の地方大会、地区大会の戦績から掲載。

未出場の選手は最終学年の秋・春・夏の戦績。個人成績は甲子園出場時の成績のみを掲載

PROFILE

げんだ・そうすけ● 1993年2月16日生まれ。大分県出身。179cm75kg。右投左打。大分商高では3年夏に県大会ベスト8。甲子園出場こそ叶わなかったが、鉄壁の遊撃守備とシュアな打撃でチームを引っ張った。卒業後は愛知学院大、トヨタ自動車を経て、2017年ドラフト3位で埼玉西武ライオンズに入団。1年目から正遊撃手を任されて新人王に。その後も球界を代表するショートストップとして、ベストナイン(18～21年)、盗塁王（21年)、ゴールデン・グラブ賞(18～22年)を獲得。23年のWBCでも侍ジャパンに欠かせないメンバーとして、14年ぶりの世界一奪還に貢献した。

青春ストーリー2

近藤健介

［横浜高ー北海道日本ハムファイターズー福岡ソフトバンクホークス］

仲間と一緒に成長できたかけがえのない時間

2023年3月のワールド・ベースボール・クラシック（WBC）で3大会ぶりに世界の頂点に立った侍ジャパン。多士済々なメンバーがいる中で重要な役割を担ったのが、二番に座った近藤健介だろう。

試合開始前の整列では、191センチのラーズ・ヌートバー（セントルイス・カージナルス）、193センチの大谷翔平（ロサンゼルス・エンゼルス）の間に入ると、171センチの近藤はひと際小柄に映った。しかし、いざ試合になると一番・ヌートバー、三番・大谷という2人のメジャーリーガーをつなぐ重要な潤滑油となり、侍ジャパン打線を勢いづかせた。それを可能にしたのは、大舞台に強いメンタリティー、球界屈指とも言われる高いバッティング技術があったからこそであり、誰もが務まるポジションではなかった。チームを指揮した栗山英樹監督もWBC全試合で近藤をスタメン起用するなど、世界一奪還のキーマンの1人として絶大な信頼を寄せた。

それでも中学時代まではほぼ無名の存在だった近藤。彼があこがれだったプロ野球への扉を開け、第一線で活躍する選手へと飛躍した大きなきっかけは、当時から明確な目標を見据えていた高校選びから始まっていた。日本を代表するヒットメーカーはいかにして、その才能を開花させたのか。歩んできた青春の足跡を追ってみたい。

プロに行くために

近藤には早くから進むべき進路が定まっていた。プロ野球選手になることだ。それは〝将来の夢〟という漠然としたものではなく、必ず実現させる明確な目標だった。千葉県出身の近藤が、全国の中でも最も激戦区とも言われる神奈川県にある横浜高への進学を希望したのも、そのためだった。

「プロに行ける可能性が高い高校に行きたいと考えた時に、横浜しかないと思いました」

中学時代は強豪・修徳中学校の軟式野球部に所属していたものの、シニアなどの硬式出身ではなかった近藤は、当時はほぼ無名の存在だった。そのため、スポーツ推薦ではなく、一般入試を受けて入学した、いわば〝叩き上げ〟の選手だった。

高校入学後は寮生活を送った。聞けば、近藤が想像していたような厳しいルールはほとんどなく、「まるで実家にいるような感じだった」と言うほど、リラックスできる生活だったという。もともと料理が好きで得意だった近藤は、寮の食事がない休日にはパスタやチャーハンなどを自分で作り、チームメートにふるまうこともよくあった。

近藤が入学した２００９年、２学年上には筒香嘉智（アメリカ独立リーグ、スタテンアイランド・フェリーホークス）、同学年には後に一緒にプロ入りする乙坂智（アメリカ独立リーグ、ヨーク・レボリューション）がいた。そんな中、近藤は早くから頭角を現し、すぐにAチームのメンバーに入った。

横浜高で部長、コーチと40年以上も指導者を務め、多くのプロ野球選手を育成した小倉清一郎氏も、中学時代の近藤についてはまったく知らなかった。しかし、素質の高さは高校入学後に見てすぐに分かったという。「野球関係者から私に教わりたくて横浜に入りたいと言っている中学生がいると。名前を聞いても全然知らなかった。ただ高校に入ってきて実際に見たら、グラブさばきもいいし、バッティングもよかった」。

前年の08年、夏の甲子園でベスト４に進出していた横浜高は、この年の春も神奈川大会で優勝。決勝では横浜商大高を21対４で破り、圧倒的な強さを誇った。関東大会では初戦で東農大二高（群馬）を4対1で破り、ベスト8に進出。準々決勝では富士学苑高（山梨）に延長の末に2対3で敗れたものの、夏の甲子園出場に大きな期待が寄せられた。

迎えた夏の神奈川大会。三番にプロ注目のスラッガー・筒香を据えた横浜高は、第1シード校として2回戦から登場した。1年生の近藤もショートのレギュラーをつかみ、六番打者として強力打線の一角に名を連ねた。

初戦の横須賀明光高戦は筒香が4回裏二死満塁からセンターオーバーの三塁打を放つなど3打数3安打5打点。8対1で7回コールド勝ちと幸先いいスタートを切った横浜高は、3回戦でも横須賀総合高に6対0の完封勝ち。筒香に一発が出たこの試合で、近藤も初安打を放った。

4回戦の相模原総合高戦は3回を終えて0対3とリードを許すも、4回以降に得点を重ねて逆転。両チーム合わせて27安打の打撃戦を9対3で制した。近藤は5打数3安打1打点と猛打賞で勝利に貢献した。

5回戦では強豪・東海大相模高と激突。初回に相手の先発投手の立ち上がりを攻めて4点を先制した横浜高は、2回以降も加点し、5回表を終えた時点で12対0と突き放した。ところが後半に相手の反撃にあい、7回までに12対9と3点差に詰め寄られた。それでも8、9回を無失点に抑え、そのまま逃げ切った。筒香は警戒され、3打数1安打3四球に終わったが、五番に打順を上げた近藤は4打数2安打でチーム最多の4打点をマーク。1年生ながら注目される存在になりつつあった。

難敵を下したことで甲子園がぐっと近づいたかに思われた横浜高だったが、続く準々決勝で初の甲子園出場を目指す横浜隼人高に苦戦を強いられた。8回表には2点を追加し、4点差に詰め寄り、なおも二死一、二塁。このチャンスに筒香に打順が回ったが、相手は高校通算69本塁打のスラッガーとの勝負を避けて敬遠。後続が倒れ、追加点を奪うことはできなかった。

しかし、9回表に一挙4点を奪い、同点とした横浜高は、さらに一死二、三塁とした。ここでまたも打順は筒香に回った。しかし内角球を引っかけ、ファーストゴロ。結局、この回で勝ち越すことができず、試合は延長戦に入った。10回裏、サードの筒香がエラーし、出塁を許したランナーが生還。両チーム合わせて31安打という乱打戦をサヨナラで制したのは横浜隼人高だった。

この試合、4打数1安打に終わった近藤は、改めて激戦区を勝ち抜くことの難しさを感じていた。

▲高校時代のメインポジションはキャッチャー。強肩にも定評があった

あと一歩で届かなかった甲子園

筒香ら3年生が抜けた後の横浜高は、苦しい時期が続いた。その年の秋は桐蔭学園高に8対11で敗れ、まさかの初戦（2回戦）敗退。さらに翌年の春も初戦（2回戦）こそ城山高に11対1で圧勝したものの、続く3回戦では慶應義塾高に2対4で敗れ、夏のシード権を獲得することができなかった。

5年ぶりにノーシードで臨んだ夏の神奈川大会。初戦は津久井浜高を8対0で7回コールド勝ち。先発した2年生の斎藤健汰が6回まで無失点と完璧なピッチングを見せると、7回は1年生の山内達也が1安打無失点。下級生の投手陣の好投に、打線も9安打で8得点と試合巧者ぶりを発揮した。三番に入った近藤も4打数2安打1打点。キャッチャー、セカンドを兼任し、守備でも要の一人となっていた。

2回戦では、この年の4月に神奈川県では初めてプロ出身の監督となった川俣浩明監督（元・千葉ロッテマリーンズ―阪神タイガース）率いる藤沢翔陵高と対戦し、9対2

で快勝。2戦連続で7回コールド勝ちを収めた。3回戦で横須賀総合高に3対2で競り勝った横浜高は、4回戦でも向上高に3対0で快勝。さらに両チーム合わせて34安打と一転して乱打戦となった5回戦の横浜商大高戦も15対8で8回コールド勝ち。近藤も4打数2安打1打点と、初戦以来となるマルチ安打でチームの勝利に貢献した。

前年秋は初戦で敗れた桐蔭学園高との準々決勝では、七番・乙坂が5打数4安打と猛打を振るい、一人で5打点を叩き出した。11残塁と苦しんだ横浜高だったが、乙坂の活躍と2失点で完投した先発・斎藤の好投で6対2で勝利を収めた。

続く準決勝は、前年夏に敗れた横浜隼人高とのリベンジマッチとなった。初回にいきなり5点を先制された横浜高だったが、2回以降は先発・斎藤が無失点に抑えた。打線も3回以降に小刻みに得点を奪い、終わってみれば16安打の猛攻。9対5で勝利を収め、決勝に進出。2年ぶりの夏の甲子園まであと1勝に迫った。

迎えた決勝戦。相手は33年ぶり8回目の甲子園を狙う東海大相模高。その年の春のセンバツに出場し、夏も本命とされていた。雨で1日順延となって迎えた7月30日、ともに全国制覇の経験を持つ強豪校同士の決戦は、お互いに初回に1点ずつを挙げ、早くも激戦の様相を呈した。

しかし、3回以降に得点を重ねた東海大相模高が5回を終えて7対1とリードした。横浜高も6回裏に2点を返したが、8回表に東海大相模高が2点を追加。横浜高打線は5回戦で最速150キロをマークしたサイドスローの一二三慎太（元・阪神タイガースほか）にわずか4安打に抑えられてしまった。9回裏には二死三塁と粘りを見せるも、代打攻勢も実らず3対9。三番・近藤は3打数2安打1四球と結果を残したが、チームの勝利にはつながらなかった。

あと一歩のところで甲子園を逃したその敗戦は、近藤にとって高校3年間で最も悔しい一戦となった。

「それまでは横浜に入れば甲子園に出られるだろうという甘い考えがありました。でも、あと1勝というところで負けたことで、甲子園に出ることの難しさを痛感しました。あの一戦は、僕にとって一つの挫折だったように思います」

新チームのキャプテンに

3年生が引退し、新チームのキャプテンに選ばれたのは近藤だった。「キャプテンだから」という気負いやプレッシャーはなかったが、レギュラーには下級生が多かったこともあり、チームの雰囲気を大事にした。

「僕らの代は下級生の力も借りないと勝てないと分かっていましたので、それこそレギュラーだけでなく控えの選手も含めて、チーム全員が一つになれるようにというのは意識しました」

もともと練習熱心で知られていた近藤は、真剣に取り組む姿勢を見せることで、言葉ではなく〝背中で引っ張る〟存在になろうとした。

そして近藤のキャプテン就任と時を同じくして、横浜高の快進撃が始まった。

同年秋は決勝で東海大相模高に5対2で勝利を収めてリベンジを果たし、優勝に輝い

▲非凡な打撃センスは当時から光っていた

た横浜高は関東大会に進出。1回戦で高崎商高（群馬）に7対6、準々決勝では霞ヶ浦高（茨城）に6対5といずれも競り勝ち、ベスト4に進出した。準決勝の浦和学院高（埼玉）戦では初回にヒットと四球で一死一、三塁とすると、走者一掃のタイムリー二塁打で2点を先制した。しかし、2回裏に守備の乱れから出塁を許し、2ランを浴びて同点。なおも一死満塁から犠牲フライで勝ち越しを許した。5回表には無死一、三塁と絶好のチャンスをつかんだが、1点にとどまり、逆に6回以降、相手に小刻みに追加点を奪われて突き放された。横浜高はストレートにカーブ、スライダーを織り交ぜた巧みなピッチングをする相手エースを攻略しきれず、3対8で敗れた。

それでも決勝で浦和学院高に4対5と競り合っ

た東海大相模高に、県大会で快勝したことなどが評価されたのだろう。横浜高は3年ぶり13回目となる春のセンバツ出場を決めた。

見ている人たちに元気と勇気を

2011年3月23日、第83回選抜高校野球大会が幕を開けた。しかし、聖地・甲子園にいつものにぎやかさや華やかさはなかった。約2週間前の3月11日に東日本大震災が起こり、岩手県、宮城県、福島県の東北3県を中心に未曾有の被害を受けた日本列島にスポーツを楽しむ余裕はなかった。

震災が起きたその日、キャプテンの近藤は渡辺元智監督やチームメートたちと神奈川県庁を訪問し、センバツ出場の報告をしていた。すると突然大きな揺れに襲われた。それまで経験したことのない揺れに、大きな衝撃が走った。揺れが収まった後は、自宅や寮には帰らずに、学校の宿泊施設に避難した。

「県庁の部屋の天井に吊るされた大きなシャンデリアがすごい揺れているシーンは今も鮮明に覚えています」

ほとんどのスポーツイベントが中止や延期を発表する中、日本高校野球連盟はセンバツ開催を決定。ただし、アルプススタンドの応援を自粛し、ブラスバンドなどの鳴り物はすべて禁止された。開催に対しては賛否両論あったが、近藤ら球児たちにとってできることは目の前の勝負に集中するだけ。そして全力プレーで、見ている人たちに元気と勇気を与えることだけだった。

日本全体が自粛ムードが漂う中で開幕したセンバツ。大会第2日目、第2試合に登場した横浜高は、波佐見高（長崎）と対戦した。横浜高打線は初回から最速148キロを計測した波佐見高のエース・松田遼馬（元・阪神タイガース―福岡ソフトバンクホークス）をなかなか攻略できずに苦戦を強いられた。

一方、波佐見高打線は横浜高の2年生エース・山内の立ち上がりを攻めた。1回裏、先頭打者の三遊間を抜けるヒットを皮切りにして無死一、二塁と先制のチャンスをつかんだ。このピンチに近藤はタイムを要求し、マウンドに駆け寄った。実はチーム事情で前年秋からは内野手を務めていた近藤が、キャッチャーに戻ったのは開幕2カ月前のことだった。

「大丈夫。落ち着いていこう。楽しんで投げるんだ」

そう言ってリラックスさせようとしたが、次打者の3球目を後逸。ピンチをしのぐどころか逆に広げてしまった。結局、この回4四死球とコントロールに苦しんだ山内は、2点を先制された。

近藤はバットで汚名返上しようとしたが、相手バッテリーの四番打者への警戒心は強かった。3回表には二死二、三塁と一打同点のチャンスに打順が回ってきたが、四球。後続が倒れ、1点も返すことができずに終わった。

4回表、横浜高は一死一、二塁と絶好のチャンスをつかんだ。ところが、九番・高橋亮謙が送りバントのサインを見逃したのか、ストライクとなるボールを見送ったのだ。当然、送りバントをするものと思っていた二塁走者の山内が飛び出してしまい、アウト。追加点のチャンスを逃したが、それでも5回表、二死一、二塁から相手のエラーを絡めた攻撃でようやく1点を返した。しかしその裏、波佐見高は連打を浴びせて得点圏にランナーを進めると、山内の暴投、そしてこの試合初のタイムリーが出て2点を追加。さらに7回裏にもタイムリー三塁打でダメ押しとなる1点を追加し、リードを広げた。

横浜高は毎回のようにランナーを得点圏に進めたが、あと一本が出なかった。6、7回には満塁のチャンスに無得点。6回表は二死満塁で、三番・乙坂が全球内角へのストレートで押され、空振り三振に倒れた。9回表も無死一、二塁と反撃ののろしを上げたかに思われたが、樋口龍之介（元・北海道日本ハムファイターズほか）が全球ストレートで3球三振。そして代打・金原悠真もストレートに押される形で併殺に倒れ、ゲームセット。結局、相手の7安打を上回る8安打を放つも、バントや走塁のミスも出るなどして15残塁。波佐見高のエース・松田を最後まで攻略できなかった。

「四番・キャッチャー」で出場した近藤も勝負を避けられ、2打数無安打3四球に終わり、一度も快音を響かせることなく甲子園を後にした。

「神奈川、関東と激戦区を勝ち抜いての出場だったので、全国でもそれなりの自信を持って臨んでいましたし、正直、波佐見は初めて聞く学校でした。でも実際にやってみると、スライダーのキレがすごくて打席で圧倒されたのを覚えています。〝初出場でもこんなにいいピッチャーがいるのか〟と、全国のレベルを肌で知った試合でした」

センバツ後、キャプテンは近藤から乙坂へ交代し、新たにスタートを切った。

東海大相模高戦の記憶

春の神奈川大会ではベスト4に進出し、シード権を獲得した横浜高。7月、近藤にとって最後の夏を迎えた。初戦（2回戦）の白山高戦を10対0で6回コールド勝ちすると、3回戦では横浜商高を6対2、4回戦では山北高を2対0で破った。

続く5回戦では前年夏と同じ東海大相模高と対戦。4カ月前のセンバツで全国制覇を成し遂げていた強豪が相手というこの大会最大のヤマ場だった。制球力のある2年生右腕・柳裕也（中日ドラゴンズ）が、渡辺監督の指示どおりに低めにコントロールしたピッチングで強力打線を3回表に浴びたソロホームランでの1点に抑えた。4回以降も降板した8回途中までランナーを得点圏に一度も進めない柳の好投に打線も応えた。4回裏にスクイズで同点とすると、6回裏には内野安打で勝ち越した。さらに8回裏には相手守備のミスを絡めてダメ押しとなる1点を挙げ、3対1で逃げ切った。

近藤は甲子園での試合以上に、この東海大相模高との試合が今も強く印象に残っているという。

「相手はセンバツ優勝校。しかも相模原球場が会場だったので、スタンドは満員でした。実質、決勝とも言われたカードだったので、試合前から球場は張り詰めた雰囲気がありました。最後は相手バッターのセンターフライで終わるのですが、その打球をキャッチャーのポジションから見ていた光景は今だにはっきりと覚えていますね」

準々決勝では立花学園高を四番・斎藤の決勝打で振り切り、4対3で勝利を収めると、準決勝も横浜創学館高に5対4で競り勝った。

横浜高は、春夏連続での甲子園出場まであと1勝に迫った。しかし、近藤自身は実力を発揮できずにいた。出場しなかった初戦を除き、5試合での打撃成績は17打数4安打、打率・235。特に悩ましかったのは打点がゼロに終わっていたことだった。実は神奈川大会の直前、練習中に足首を捻挫していたのだ。足首はほぼ完治していたが、最後の追い込みができないまま大会に臨んでいた近藤は、バッティングの調子を上げられずにいた。クリーンアップの一人として打点を挙げてチームに貢献したいという思いは募るばかりだった。

その思いがバットに乗り移り、値千金の一打を披露したのが、桐光学園高との決勝だった。1対1で迎えた延長10回裏、近藤のタイムリーでサヨナラ勝ち。それが近藤にとってその年の夏、初めての打点だった。

「この打席のことはまったく覚えていないんです。どうやってバッターボックスに入ったのか、どんな球をどう打ったのか、全然分からない。相当、興奮していたのだと思います。気づいたら試合が終わっていて、整列していました」

悔しさも味わった甲子園

8月6日に開幕した第93回全国高校野球選手権大会。夏は3年ぶり14回目の出場となった横浜高は、大会7日目の12日第3試合、49代表の最後に登場。初戦(2回戦)で健大高崎高(群馬)と対戦した。

最初に主導権を握ったのは、横浜高だった。前半に小刻みに得点を奪い、5回を終えて5対0。3回裏には1点を追加し、なおも無死一、二塁から、二塁ランナーの近藤は斎藤とダブルスチールを決めてチャンスを広げた。そして二死後、六番・拝崎諒の犠牲

▲甲子園優勝の夢こそ叶わなかったが、高い野球脳と潜在能力でプロスカウトの注目を集めた

フライで近藤が4点目のホームを踏んだ。

ところが6回表、5長短打で5点と集中砲火を浴び、同点に。試合は振り出しに戻った。7回以降は両者ともに無得点に終わり、そのまま試合は延長へと突入。すると10回裏、二死一、二塁とチャンスをつかんだ横浜高が、二番・高橋のレフト前へのタイムリーでサヨナラ勝ち。春のセンバツでは果たすことができなかった1勝を挙げた。

大会10日目の15日に行われた智弁学園高（奈良）との3回戦は、初回から小刻みに得点を挙げ、5回を終えて4対0とリードした。

しかし、終盤に智弁学園高の逆襲にあった。6回表に1点を返されたものの、7、8回を無失点に抑えて4対1。3点リードで迎えた9回表、二死からだった。8回まで1失点の柳が9回の先頭打者を出し降板後、2番手が死球を与えて満塁のピンチに横浜高は4人の投手をつぎ込み、なんとかリードを守ろうとしたが、一挙8失点を喫し、逆転を許した。その裏、二死一、二塁と粘りを見せた横浜高だったが、最後は近藤が見逃し三振に倒れ、ゲームセットとなった。

「大量失点していたので、最後の打席は開き直ってバッターボックスに立ったのですが、結果を出すことはできませんでした。春夏連続で甲子園に出場はしたものの、たいした活躍もできなかったですし、チームも勝ち上がることができなかったので、正直、プロからの指名はないかもしれないと覚悟しました」

しかし、甲子園の後に行われた「第9回AAAアジア野球選手権大会」の日本代表に選出された近藤は、キャッチャーとして盗塁を阻止するなど強肩を発揮。ベストナインにも選ばれた。

そして10月のドラフト会議で北海道日本ハムファイターズから4位指名を受け、高校入学前から念願としていたプロ入りを果たした。

近藤は2020年まで規定打席に到達したシーズンはすべて打率が3割を超えており、唯一下回った21年も・298だった。さらに四球数も多く、選球眼の良さは折り紙付き。バットコントロールも巧みな近藤は、19、20年と2シーズン連続でトップの出塁率を誇り、チームからも全幅の信頼を寄せられている打者だ。

国際試合にも強く、東京2020オリンピックでは打率・333、全7試合にスタメン出場した23年3月のWBCでは、26打数9安打1本塁打5打点8四球、打率・346の好成績を残した。出塁率・500、長打率・615という数字からも、近藤の存在がいかに大きかったかが分かる。

23年シーズンからは福岡ソフトバンクホークスに移籍。新天地でも実力をいかんなく発揮している。

飛躍につながった恩師の教え

野球人生の原点となった高校時代について、近藤はこう振り返る。

「仲間同士が一つになって、同じ目標に向かって突き進んだあの高校での3年間は、自分にとって大きな財産。高校野球でしか味わえない貴重な経験だったと思います。そして自分にとっては横浜高に入って本当に良かったたし、大正解でした。特に小倉先生からは細かく指導していただいたおかげで、プロに入ってからも知らなくて戸惑ったことは一つもありませんでした。今、こうしてやっていけているのは、横浜高での3年間のおかげです」

現在は横浜高を離れ、全国で野球の指導を行っている小倉氏は、教え子についてこう語る。

「彼はもともと左中間に打つのがうまいバッター。今は引っ張ってライトへのホームランが多いけれど、本来は左中間への打球なんですよ。私が教えた選手の中ではまだ一人も名球会入りしていない。将来、近藤にはぜひ入ってもらいたいと思っています」と期待を寄せる。

近藤は身長171センチと決して体格に恵まれてはいない。

それでも日本を代表する好打者として活躍する姿に、勇気を与えられている球児たちは少なくない。近藤はそんな全国でひたむきに汗を流す球児たちに、こんなメッセージを最後に送ってくれた。

「プロになる、ならないに関係なく、高校時代の経験は必ずその後の人生につながっていきます。だから辛いこともたくさんあると思いますが、仲間たちと一緒に頑張って乗り越えてほしい」

23年シーズンで30歳を迎えた近藤。まだまだそのバットでファンを魅了し続けてくれるに違いない。

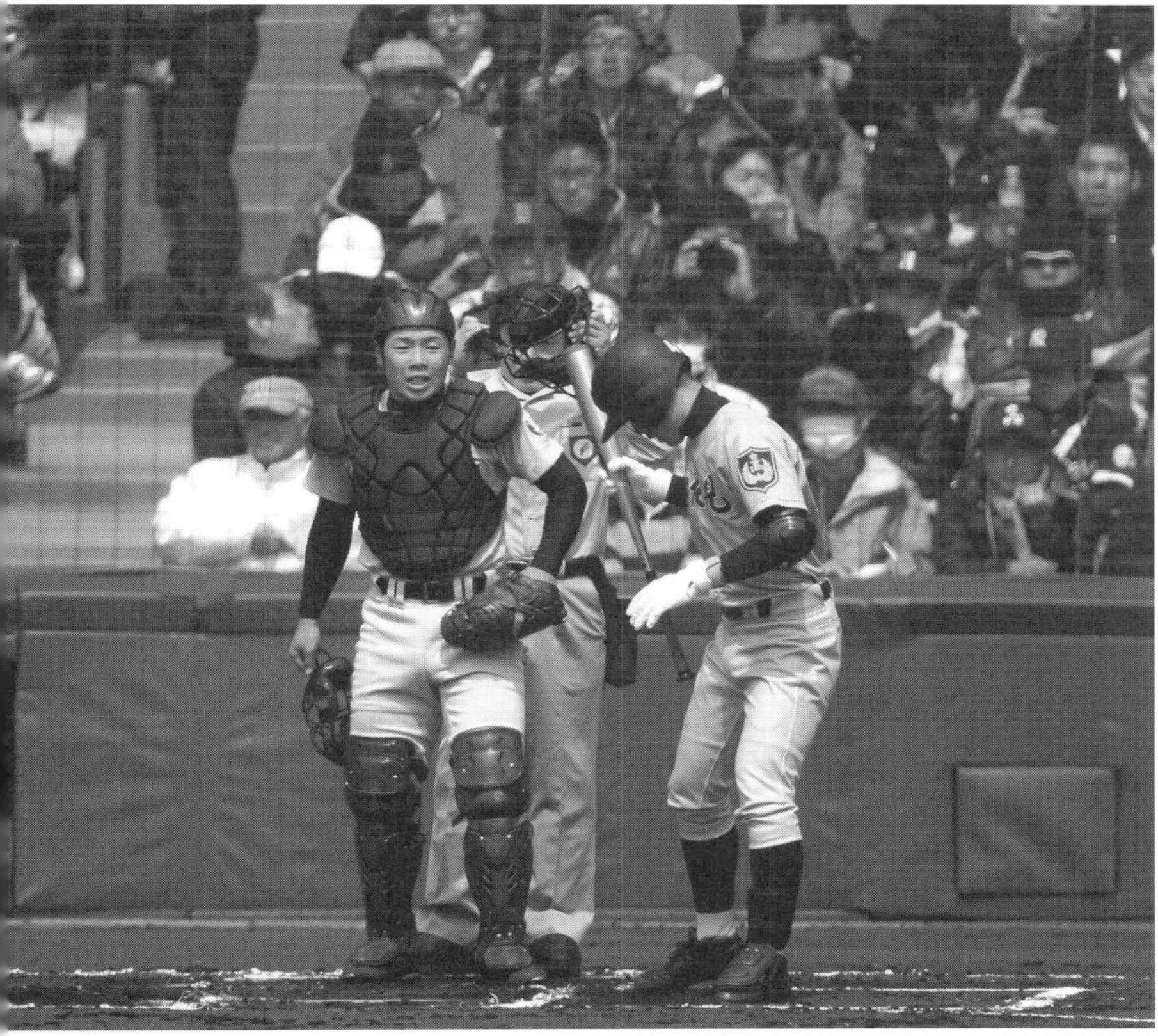

▲仲間たちと駆け抜けた高校時代。多くのことを学んだ時間となった

近藤健介にとって「高校野球」とは?

「仲間同士が一つになって、
同じ目標に向かって突き進んだ3年間は
自分にとって財産。
高校野球でしか味わえない
貴重な経験だったと思っています」

▶横浜高時代の主な戦績

2010年秋	神奈川大会	2回戦	横浜創学館	○	9-2	
		3回戦	厚木西	○	11-4	
		4回戦	桐光学園	○	7-1	
		準々決勝	平塚学園	○	7-1	
		準決勝	横浜商大	○	2-1	
		決勝	東海大相模	○	5-2	
2010年秋	関東大会	1回戦	高崎商	○	7-6	
		準々決勝	霞ヶ浦	○	6-5	
		準決勝	浦和学院	●	3-8	
2011年春	選抜高校野球大会	1回戦	波佐見	●	1-5	四番・捕手　2打数0安打0本塁打0打点
2011年春	神奈川大会	3回戦	藤沢西	○	5-3	
		4回戦	桐光学園	○	4-2	
		準々決勝	南	○	11-0	
		準決勝	慶應義塾	●	0-4	
2011年夏	選手権神奈川大会	2回戦	白山	○	10-0	
		3回戦	横浜商	○	6-2	
		4回戦	山北	○	2-0	
		5回戦	東海大相模	○	3-1	
		準々決勝	立花学園	○	4-3	
		準決勝	横浜創学館	○	5-4	
		決勝	桐光学園	○	2-1	
2011年夏	全国選手権大会	2回戦	健大高崎	○	6-5	三番・捕手　5打数1安打0本塁打0打点
		3回戦	智弁学園	●	4-9	三番・捕手　4打数1安打0本塁打1打点

甲子園に出場した選手は学年に関係なく、出場年の地方大会、地区大会の戦績から掲載。

未出場の選手は最終学年の秋・春・夏の戦績。個人成績は甲子園出場時の成績のみを掲載

PROFILE

こんどう・けんすけ● 1993年8月9日生まれ。千葉県出身。171cm 86g。右投左打。横浜高から2011年秋に行われたドラフト会議で北海道日本ハムファイターズに4位指名され入団。4年目の15年からレギュラーに定着。非凡な打撃センスと選球眼の良さで、最高出塁率2回（19、20年）、ベストナイン3回（18、20、21年）。侍ジャパンの一員として、東京五輪では金メダル獲得、23年のWBCでも世界一奪還に大きく貢献した。23年シーズンからはFA加入した福岡ソフトバンクホークスでプレーしている。

青春ストーリー3

牧秀悟

［松本第一高－中大－横浜DeNAベイスターズ］

仲間たちと駆け抜けた青春の記憶

中大では1年からレギュラーとして試合に出場し、4年間でベストナインに4回選出。さらに3年春には首位打者、同年秋にはMVPにも輝いた。3年夏には日米大学野球選手権大会の日本代表にも選出され、2020年秋に行われたドラフト会議で横浜DeNAベイスターズから2位指名。プロでもルーキーイヤーから四番に抜擢されるなど華々しいデビューを飾った。23年3月のワールド・ベースボール・クラシック（WBC）の日本代表にも入り、東京プールの1次ラウンドでは2本のホームランを放つ活躍を見せた。

23年シーズンで、まだプロ3年目。25歳であることを忘れてしまうほどの活躍ぶりや堂々とした姿はスターとしての器の大きさを感じさせる。

そんなふうに牧秀悟の野球人生は一見、順風満帆のように見える。しかし、彼をここまで押し上げてきたのは、全国的には〝無名〟で終わり、挫折を味わった高校時代があったからこそでもあった。甲子園常連校ではなく、自ら甲子園経験のない学校を選び、歴史的快挙を達成することを目標に挑戦を続けた牧。しかし、夢破れ、一時は野球から気持ちが離れたこともあった。

それでも野球を続け、今もひたむきに努力を続けているのはなぜなのか。牧秀悟という日本を代表するスラッガーの強さが磨かれた高校時代に迫る。

松本第一高に決めた理由

長野県中野市で生まれ育った牧は、小さい時から新聞紙を丸めて作ったボールで遊ぶのがお気に入り。保育園でも先生を相手にキャッチボールをしたり、先生お手製の新聞紙のバットで野球ごっこをするのが好きだった。自宅近くの公園で小学生が野球をやっているると、仲間に入ってボール拾いをして遊んでもらった。

3つ年上の兄・智也さんが所属した中野市の少年野球チーム「キングアニマルズ」には小学1年生で入った。本来は3年生からだったが、どうしてもやりたいと監督にお願いをして特別に入れてもらったという。さらに自宅では将来はプロ野球選手になることを夢見て、食い入るようにしてテレビで流れる野球中継を見ているような、典型的な〝野球少年〟だった。

6年生になると、設立されたばかりの「長野若穂リトルシニア」に入り、1期生としてプレー。自宅から車で片道1時間ほどかけて練習に通った。さらに自主練習では、リンゴ畑の中の約50メートルにおよぶ坂道でのダッシュを足がパンパンになるほど繰り返した。非凡な打撃センスのベースとなっている強靭な下半身の礎は、この時から磨かれたものだった。体格も大きくなり、中学1年生のころは155センチだった身長は3年間で急激に伸び、卒業するころには170センチを超えていた。チームも中学2、3年時に全国大会に出場した。

そんな牧の才能に早い時期から注目していたのが、当時、松本第一高の監督を務めていた櫻井正孝氏（現・長野俊英高野球部統括責任者）だった。

「当時から県内では有名な選手で、彼が中学2年生の時にはすでに情報はつかんでいて、コーチには見に行ってもらっていました。そのコーチからバッティングセンスに長けていて、さらに肩も強くてピッチャーもできると。それで牧が中学3年の時に私自身も試合を見に行きました。実際に肩の強さにしても、バッティングセンスにしても、群を抜いていました。特に器用に逆方向に打球を飛ばしている姿には非凡さを感じました。体格も中学生とは思えないくらいどっしりとしていて落ち着きがありました。足も速いほうで、すべての部分で平均よりも上の選手でしたので、ぜひうちに来て、一緒に甲子園を目指したいなと思いました」

牧自身も櫻井氏の話を聞いて、松本第一高に魅力を感じるようになっていった。

「中学時代のチームも僕たちが1期生として入り、県で優勝したりして自分たちがチームの歴史をつくっているということにすごくやりがいを感じていました。だから高校も伝統校とかではなく、自分たちの力で甲子園初出場を目指すっていいなと思ったんです。それで中学時代のチームメートの何人かと『俺たちの代で甲子園に初出場しよう！』と松本第一高に行くことに決めました」


1960年に本郷高として創立（84年、松本第一高に改称）、野球部は96年に創部と比較的歴史が新しい松本第一高だが、牧が入学する2年前の2012年の夏には長野大会で準優勝するなど、県内では強豪校の仲間入りをし始めていた時期でもあった。さらに2学年上には、後に横浜ＤｅＮＡベイスターズでも先輩となる百瀬大騎（20年シーズン限りで現役を引退し、現在はチーム付広報）がいるなど、県内の優秀な選手が集まりつつあり、甲子園出場が現実味を帯びていたことも大きかった。

この牧の決断に、櫻井氏は喜びと同時に、才能あふれた選手を預かる責任と使命感を感じていた。

「牧ならほかの甲子園出場の実績がある高校にも行けたと思います。そんな中で松本第一を選んでくれて、本当にうれしかったですし、〝ありがとう、一緒に頑張ろう〟という気持ちでした。その一方で、私自身には重い責任があるということも感じていたんです。甲子園出場ももちろんでしたが、牧のような非凡な才能を持つ選手を高校3年間でしっかりと育て上げ、卒業後はプロや野球の名門大学に入るような選手にしなければいけないと。自分の指導者としての力量が問われている、と自分で自分に言い聞かせていたところもありました。それだけ牧には素質の高さを感じていました」

初めての寮生活

2014年、牧を含むレギュラー4人が松本第一高に入学。櫻井氏のもと、同校にとって悲願とされた甲子園初出場を目指した。

入学と同時に人生で初めて親元を離れ、学校から徒歩3分ほどの所にある寮での生活が始まった。野球部のグラウンドは学校から少し離れたところにあった。そのため、午後の最後の授業が終わるとチャイムと同時に寮へと走り、制服から練習着に素早く着替えると、すぐに学校へとUターン。バットやボールなど、練習に必要な道具をバスに詰め込むのが1年生の仕事だった。

「1年生の時は特にやることが多かったので大変でしたが、それでも寮生活は楽しかったです。4人部屋だったのですが、練習が終わって、夕食の後のフリーの時間には部屋でみんなで集まってしゃべったり、ゲームをしたりしました。その時間が一番楽しかったですね」

一方で、誰よりも早く夕食を食べ終えると、すぐにバットを持って素振りの練習をするなど、牧の練習熱心さは有名だった。その姿は櫻井氏の記憶にも鮮明に残っている。

「まだ体が出来上がっていない高校生は食べるのも大事なトレーニングの一つなのですが、普通入学したばかりの1年生は、それほどたくさん食べることができずに苦労するものなんです。ところが牧に関しては最初から大盛りのご飯をぺろりとたいらげていました。そして、食べるスピードも速いので、誰よりも先に食べ終わって、パッと立ち上がって一人でバットを持って練習に行っていました。そんなふうに言われなくても練習をするタイプだったので、逆にオーバーワークにならないように気を付けなければいけないくらいでした。朝も早くに起きて練習していたので、しっかりと睡眠時間や体を休める時間も必要だよ、ということは言うようにしていました」

加えて性格的に愛嬌があった牧は、誰に対しても打ち解けるのが早く、1年生の時から いつも輪の中心にいるような選手だった。そんな牧の性格を表した出来事について、櫻井氏はこんなエピソードを話してくれた。

「牧たちの学年が入学して間もないころ、私の自宅で3月と4月生まれの選手たちを招いて誕生日会をやったことがありました。4月（21日）生まれの牧もいたのですが、ひととおり食事が終わって、〝じゃあ、みんなでケーキを食べよう〟となったら、妻が買ってきていたのがホールケーキではなくて、おそらく好き嫌いもあるだろうからと、一人ひとり選べるようにと思ったんでしょうね、全部違う種類のケーキだったんです。それで〝どういう順番で選んでいこうか〟となりまして、じゃんけんをすることになったのですが、牧は早々と負けてしまった。そしたら一番に勝った先輩が選んだ後に〝もう1回、じゃんけんをやり直しましょう！〟と。その言い方が全然嫌味がなくて、甘え上手

▲勝負強い打撃でチームの主軸を担っていた牧。監督やナインからの信頼も絶大だった

なんですよね。普通1年生が上級生の前で、しかもまだ入学して間もない4月ですよ、とてもそんなことは言えないと思うのですが、牧は自然にさらっと言えるような子でした。甘えてきた牧の可愛さに先輩たちも〝しょうがないなぁ〟と言って、本当にもう一度じゃんけんすることになったんです。その様子を見ていて、〝この選手なら春の大会でいきなり使っても、しっかりと自分の実力を発揮できるだろうな〟と思いました」

「強化週間」の猛練習

実際、牧の才能が開花するのには、それほど時間を要しなかった。

春の地区大会こそ背番号は「13」と2ケタだっ

たが、県大会では背番号「3」。打線でも中軸を打ち、ホームランこそ多くはなかったが、逆方向に長打を打てるスラッガーとして早くもチームの中心となっていた。

「中学時代はどちらかというとみんなで楽しく野球をやるというのがメインでしたが、高校では挨拶や礼儀を重んじ、勝利を目指して辛い練習にも耐える、といった中学時代にはなかった厳しさもありました。ただ櫻井先生も先輩たちも、1年生だからと遠慮することなく思い切りプレーしていいよ、という感じだったので、すごくやりやすかったです」

松本第一高は地区予選を突破すると、県大会では1回戦で小海高に8対3で快勝、続く準々決勝ではその年のセンバツに出場した強豪・東海大三高を7対2で破った。さらに準決勝では前年の夏に甲子園初出場を果たしていた上田西高にも7対0と8回コールド勝ちを収めた。決勝は創造学園高に5対9で敗れはしたものの、松本第一高は11年秋以来の北信越大会進出を果たした。

その北信越大会でも1回戦で富山第一高を8対4で撃破。0対4から6回裏に一挙7得点の猛攻を見せての逆転勝ちだった。この試合、「三番・ファースト」で出場した牧は、

4打数2安打とチームの勝利に大きく貢献した。続く2回戦では春江工・坂井の連合チーム（春江工高は21年に閉校し、坂井高に統合）と対戦。8安打を放つも得点のチャンスを生かすことができず、1対6で敗れた。牧も4打数無安打と相手の先発投手を攻略することができなかった。

夏の大会に向けた「強化週間」の期間の練習はさらに厳しさが増した。

「グラウンドのすぐ脇に山があって、夏の強化週間の時は、その山の坂での走り込みを朝4時にやりました。それを3本くらいやった後にグラウンドに戻って、今度はノックが始まるんです。そして最後にまた坂での走り込み。それがとにかくきつかったのを覚えています」

春の大会以降も練習試合で勝負強いバッティングを見せ、結果を残していた牧は、同年夏の長野大会にもファーストのレギュラーとして出場。学校としても春の好成績で、初の甲子園出場に大きな期待を寄せていた。

初戦（2回戦）は飯田風越高に対し12安打の猛攻を見せ、9対0で7回コールド勝ち。

激しい打撃戦となった3回戦の野沢南高戦では7対8と1点ビハインドの8回裏に一挙3点を返して勝ち越し、9回表をゼロに抑えて10対8で制した。三番・ファーストの牧も、初戦は3打数無安打に終わったが、この試合ではようやくヒットが生まれ、打点も挙げるなど調子を上げつつあった。

すると、続く4回戦の更級農高戦で、牧は4打数2安打3打点と本領を発揮。チームも15安打を放ち、9対5で勝利。3回戦に続き、2試合連続で三振ゼロという戦績が、この年の松本第一高打線の強さを物語っていた。

迎えた準々決勝、春夏合わせて11回の甲子園出場を誇る古豪・長野商高との対戦は、それまでとは一転、ロースコアでの投手戦となった。3回まで0対0。均衡が破れたのは4回表、長野商高が1点を先制したが、その裏、松本第一高が2点を挙げて逆転した。5回以降は再び膠着状態が続いた中、終盤に貴重な追加点を奪ったのは長野商高だった。8回表に同点とすると、9回表にも1点を加えて逆転。一方、松本第一高は4回裏を除き、得点することができずに2対3で惜敗した。牧自身も4打数1安打に終わり、1年目の夏はベスト8で幕を閉じた。

満を持して臨んだ夏の長野大会

打線の起爆剤として一番打者で活躍した百瀬ら3年生が抜け、新チームでスタートした秋は、地区大会では1928年に全国制覇を果たすなど県内随一の伝統校でもある松商学園高に6対5と競り勝つなど4戦全勝で県大会に進出。その県大会では初戦（2回戦）で長野東高を攻守にわたって圧倒し、13対0と5回コールド勝ちした。

しかし続く準々決勝では、同大会で3位となり、北信越大会に進出した小諸商高に3回表に一挙4点を先制されてしまった。松本第一高打線からは快音がなかなか聞かれず、9回裏にようやく1点を挙げて粘りを見せたものの反撃もそこまで。1対5で敗れ、春に続く2季連続での北信越大会出場には至らなかった。

チームは結果を出すことができなかったが、牧は当時から勝負強さでは群を抜いていた。櫻井氏が中でも最も印象的だったというのが、秋の地区大会での一打だ。

「ある試合でうちが負けていて、終盤に相手が牧の前の二番打者を敬遠し、満塁にして三番打者の牧との勝負を選んだことがありました。後で聞いたら〝なんとなく二番打者に打たれそうな感じがした〟というのですが、牧にしたら悔しかったと思います。そしたらその打席でセンターオーバーに運んで、走者一掃のタイムリーを放ったんです。この牧の一打で一挙3点を取ったうちが逆転勝ちしました」

もともと足が速く、肩も強かったことから新チームでは外野手に転向。打球への判断力もあり、俊敏な動きで守備範囲が広いことが買われ、センターを任された。

チームは翌年に気持ちを切り替え、冬場のトレーニングに励んだ。その成果が、春の大会に出た。松本第一高は、地区予選を全勝で突破。松商学園高にも11対6と打ち勝つなど、特に打線が好調だった。

長野大会では初戦で野沢北高を15対5で5回コールド勝ちして好スタートを切ると、準々決勝では長野日大高を8対2で逆転勝ちした。準決勝では佐久長聖高に0対2で敗れ、3位決定戦でも松商学園高に3対4とリベンジされて4位だったが、その年は長野県が開催地だったことから前年に続いて北信越大会への切符を獲得。富山商高との1回戦を1対0で勝ち上がると、2回戦ではその年の夏に甲子園に出場する強豪・遊学館高

（石川）にも5対4で競り勝った。準決勝では同じ長野県の強力なライバルで、同大会で優勝する佐久長聖高に0対9と完敗を喫したが、松本第一高は夏の有力校の一つとして注目された。

牧自身は高校入学後もしっかりと食べ、トレーニングに励んだおかげで夏の時期にも一度も体重は落ちず、順調にたくましい体が出来上がっていった。

その牧を擁する松本第一高の打線は、県内でも高く注目されていた。ところが、満を持して臨んだ夏の長野大会、厳しい現実が待ち受けていた。初戦の相手、須坂高は前年の夏は初戦敗退。秋、春も地区予選で敗れていた。その須坂高との1回戦、誰の目から見ても松本第一高が有利とされていた。ところが、延長の末に1対2で敗れたのは松本第一高のほうだった。「四番・センター」で出場した牧も無安打に終わった。

その年の秋、松本第一高は気持ちを新たに再スタートを切り、県大会に臨んだがベスト8に終わり、北信越大会に出場することができなかった。翌春のセンバツ出場の可能性が消え、甲子園初出場を目指して同校に入学した牧たちにとって、チャンスは残り1回となった。

〝好球必打〟の真の意味

そんな中、本気で甲子園出場を目指していた牧はチームの中で〝嫌われ役〟を買って出た。それは櫻井氏からの依頼でもあった。

「キャプテンがどちらかというと優しいタイプの選手だったんです。それで牧をちょっと呼んで〝申し訳ないが、お前が嫌われ役になって、みんなに檄を飛ばしてくれないか〟と。そしたら冬のトレーニングでは少しでも手を抜いている選手がいると、同級生にも注意してくれました。特にレギュラーの選手に対しては〝そんなことではダメだ。俺らがやらなくてどうする〟と泣きながら怒ることもありました。そうやって周りに言う分、自分にも厳しかった。牧は短距離は速いほうでしたが、長距離は得意なほうではなかったんです。それでも3000メートル走やインターバルでも、絶対に手を抜くようなことはありませんでした。そういう姿をチームみんなが見ていたので、牧の言うことには説得力があり、チームメートも素直に聞いてくれていました」

▲甲子園出場こそならなかったが、多くのことを学んだ高校3年間だった

一方、牧自身は夏の大会後、監督の櫻井氏と話し合い、将来プロに行くことを考え、残り1年間はショートで守備を磨くことを決意。そこで冬は、守備練習に注力した。櫻井氏に苦手としていた正面へのゴロを打ってもらい、足を使って捕球する動きを徹底的に体に染み込ませた。

その甲斐あって、3年の春にはバッティングだけではなく、守備にも定評のある選手として県内でも有数のショートストップに名が挙がるようになっていた。その牧には県内に強力なライバルが2人いた。上田西高の草海光貴（セガサミー）と、佐久長聖高の元山飛優(東京ヤクルトスワローズ)だ。いずれも牧と同学年で、同じショートを任されていた。

「2人とも守備がうまくて、元山は1年夏に、草海は2年夏にそれぞれ甲子園に出場していて、特に元山は当時はサードでしたが、1年生からレギュラーで出ていてすごいなと思いながら見ていました」

そして、こう続けた。

「僕はずっと彼ら2人に対してライバル心を燃やしていました。特に3年生の時はいずれも同じショートだったので、3人で切磋琢磨しているような気持ちもあって、絶対に負けないぞと思いながらやっていました。2人の存在が、僕自身を奮い立たせてくれていたところはあったと思います」

その牧を中心とした松本第一高は、春の長野大会では歴史的快挙を成し遂げた。初戦の長野工高戦を11対1と6回コールドで勝利すると、準々決勝では前年に3連敗を喫していた元山擁する佐久長聖高に7対2と快勝。これで勢いに乗ったチームは、準決勝では長野日大高を6対2、決勝では松商学園高を7対1と破り、ついに同校初の優勝に輝いたのだ。当然、夏も優勝候補の筆頭に挙げられ、いよいよ初の甲子園出場が現実味を帯びていた。

だが、現実はそう甘くはなかった。第1シード校として迎えた夏の長野大会、2回戦から登場した松本第一高は初戦で小諸商高と対戦した。小諸商高はノーシードではあったものの、前年夏にはベスト4に進出するなど、決して侮れない相手だった。ただ、それでも松本第一高の勝利は堅いと思われた。案の定、1回表に先取点を挙げたのは、松本第一高だった。ところが、その後は外角への際どいボールがストライクに取られ、相手投手の術中にはまってしまった。2回以降はゼロ行進が続き、なかなかリードを広げることができなかった。

明暗が分かれたのは5回だった。表の攻撃で松本第一高が一死一、三塁のチャンスを逃し、無得点に終わると、その裏、小諸商高が猛攻を見せて3点を挙げて逆転に成功したのだ。6回以降も相手投手のストレートに押される形で凡打の山を築いた松本第一高は、1対3で敗れた。注目された打撃力を発揮できないまま、2年連続で初戦で姿を消す結果となった。

櫻井氏は、当時についてこう振り返る。

「春に優勝した時、私は〝勝って兜の緒を締めよ〟と言うように、選手たちには〝お前たちの目標は春じゃないだろう〟と言ったんです。でも今にして思えば、もっと素直に優勝を喜ばせてあげても良かったんじゃないかなと。一度気持ちを解放してあげて、引き締めるのはそれからでも遅くはなかったような気がします。でも当時は前年に初戦で敗れていたこともあって〝夏まで時間がないし、すぐに気持ちを引き締めていかないとダメだ〟と」

「三番・ショート」で出場した牧は、4打数2安打。それでも今も思い出されるのは、ヒットを打てなかった最後の打席だという。

「最終回は先頭打者だったのですが、1ストライク3ボールというカウントになった次の1球、〝四球でも塁に出たい〟という気持ちが強すぎて、明らかに甘く入るボールを打ちにいかなかったんです。結局、2ストライクに追い込まれて凡退。あの見逃した1球に対して〝なんで打ちにいかなかったんだろう〟といつまでも後悔の気持ちが残りました」

〝好球必打〟の真の意味を、18歳の牧は理解したような気がしていた。

「甲子園を目指して3年間頑張りましたが、夏のトーナメントで1勝することがどんなに大変なことかを思い知りました」

牧は1年生の時、2学年上の百瀬がドラフトで横浜DeNAベイスターズに6位で指名を受け、プロ入りの夢を叶えた姿を、2年後の自分と重ね合わせながら見ていた。

だが、実際に牧自身はプロ志望届を出さなかった。高校でほとんど結果を出せなかった自分に対して自信を持てなかったからだった。そこでまずは大学に進学し、4年後のプロ入りを目指すことにした。


それでも2年連続でのあまりにもあっけない幕切れに、全身の力が抜けたように感じ、なかなか意欲が湧かなかった。そんなことは人生で初めてのことだった。

「自分の中で高校で野球をやめる選択肢はなかったのですが、あの時はどうしてもやる気が起きなかったんです」

そんな牧の気持ちを前に向かせたのは、周囲からの期待の声だった。

「同級生が〝お前はやっぱり野球をやるべきだよ〟と言ってくれたんです。そのほか家族や親戚からも〝また野球をしている姿を見たい〟と言ってもらえて、それがすごく大きかったです」

そして、こう決意した。

「高校では1回戦で負けるような無名の選手で終わったけれど、大学では有名な選手の中に割って入って、必ずレギュラーを取ってみせる」

牧は中大に進学し、毎年多くのプロ野球選手を輩出している全国トップレベルの東都リーグでプレー。心に誓ったとおり、1年生からレギュラーの座を獲得し、4年後にはしっかりとプロへの扉を開けた。

野球の楽しさを感じたWBC

高校時代、目標としていた甲子園初出場の夢は叶えることはできなかった。しかし、牧の野球人生にとってその3年間は、なくてはならないものだった。

「高校野球は、まず第一に人として成長できる場だと思います。野球は一人でやるスポーツではありません。一つの勝利や同じ目標に向かう中で、たくさんの部員たちとライバル心を燃やしながら切磋琢磨していくことで、人間性が磨かれていく。僕自身も〝絶対にレギュラーになってやる〟という強い気持ちを持ちながら練習に励んでいましたし、一方でチームメートとの絆もしっかりありました。野球人として、人として、ベースになる部分を育ててもらったように感じています」

また、改めて野球の楽しさを感じたのが、２０２３年３月に行われたＷＢＣだった。

「（侍ジャパンのメンバーの中には）僕よりも年齢が上の方たちもたくさんいましたが、その方たちがすごく野球を楽しんでいる姿が印象的でした。そしてバッティングにしても、ピッチングにしても一つひとつ細かく研究していて、本当にすごいなと。でもそれって、やっぱり野球を楽しんでいるからこそ芽生えてくる探求心なんだろうなと。プロになっても野球を楽しむことが何より大切だということを改めて教わったような気がしました」

そして、こう続けた。

「本当にすごいメンバーとチームメートとして野球をやらせてもらって、自分自身はすべての面でまだまだだなと感じましたし、だからこそ、まだまだ成長できると思いました。まずはベイスターズでのリーグ優勝、日本一を達成することが第一の目標。そのうえでまた日本代表のメンバーに選ばれるような選手になりたいと思います」

そんな牧の姿に、高校時代のチームメートたちは力をもらい、今も励まされている。すでに野球から離れた選手が多いものの、皆それぞれのセカンドステージで牧に負けないようにと精進している。教え子たちの活躍を今でも見守り続けている櫻井氏には、こんな朗報が届いたことがあった。

19年に技能五輪全国大会で牧の同級生たちが表彰台に上がったのだ。キャプテンを務めた宮﨑大瑚が金メダル、左ピッチャーだった山内が銀メダル、控えのキャッチャーだったもう一人の宮﨑が銅メダルに輝いた。地元の新聞にはキャプテンだった宮﨑のこんな言葉が掲載された。

〈高校時代には甲子園に出場するという監督との約束が果たせませんでしたが、これで少しは恩返しできたと思います〉

牧もまた、恩師をはじめ、地元への感謝の気持ちを決して忘れてはいない。自分自身の活躍は、地元の子どもたちへのメッセージでもある。「僕のプレーで野球の楽しさを伝えられればと思っていますし、僕がプロの第一線で活躍することで、地元にいい報告をして、野球をやりたいと思う子どもたちが増えてくれるとうれしいなといつも思っています」。

目指すのは、〝記録〟よりも〝記憶〟に残るプロ野球選手だ。

「自分が子どもの時のことを考えると、好きな選手の記録的な数字ってあまりよく覚えていないけれど、とにかくプレーやホームランを打つ姿を見て〝すごい!〟とか〝かっこいい!〟というあこがれの気持ちが湧いていたなと。だから自分もそんなふうに子どもたちに強い印象を与えられるような選手になりたいと思っています」

牧 秀悟にとって「高校野球」とは?

「高校野球は、
人として成長できる場だと思います。
野球人として、人としての
ベースになる部分を育ててもらった」

▶松本第一高時代の主な戦績

2015年秋	長野大会	1回戦	丸子修学館	○	14-2
		2回戦	松代	○	6-2
		準々決勝	佐久長聖	●	5-7
2016年春	長野中信地区大会	2回戦	松本美須々ケ丘	○	12-0
		準々決勝	大町岳陽	○	8-0
		準決勝	松商学園	○	4-1
		決勝	松本深志	○	9-1
2016年春	長野大会	1回戦	長野工	○	11-1
		準々決勝	佐久長聖	○	7-2
		準決勝	長野日大	○	6-2
		決勝	松商学園	○	7-1
2016年春	北信越大会	1回戦	美方	●	1-3
2016年夏	選手権長野大会	2回戦	小諸商	●	1-3

甲子園に出場した選手は学年に関係なく、出場年の地方大会、地区大会の戦績から掲載。

未出場の選手は最終学年の秋・春・夏の戦績。個人成績は甲子園出場時の成績のみを掲載

PROFILE

まき・しゅうご● 1998年4月21日生まれ。長野県出身。178cm 95kg。右投右打。松本第一高では1年春からベンチ入りして一塁手。2年夏は中堅手。2年秋から遊撃手兼投手。3年夏は長野大会2回戦で敗退。卒業後は中大を経て、2020年秋のドラフトで横浜DeNAベイスターズから2位指名。1年目の21年、勝負強い打撃を武器に開幕からレギュラーの座をつかみ、8月25日の阪神戦で新人では史上初のサイクル安打を達成。22年は全試合で四番を務め、ベストナインに輝いた。23年のWBCでも侍ジャパンにも選出され、愛されキャラのムードメーカーとしてもチームを支えた。

青春ストーリー4

戸郷翔征

［聖心ウルスラ学園高ー読売ジャイアンツ］

夢から目標に変わった
あの夏のマウンド

「僕にとって甲子園は夢を与えてくれた場所でもあり、野球観を広げてくれた場所でもありました」

戸郷翔征は高校2年の夏、チームのエースとして聖地のマウンドに上がった経験をそう語る。それまでプロの世界にはあこがれこそ感じていたものの、年齢が上がるにつれて「僕くらいの選手では無理だろうな」と、自分とはほぼ無縁だと思っていた。

しかし、プロと同じマウンドに立ち、全国の強打者たちと真剣勝負をした〝あの夏〟、プロ野球選手になることが夢から目標へと変わったのだ。

翌年、戸郷はその聖地でもう一度投げることはできなかったが、プロへの扉を開けるチャンスは、それで終わりではなかった。幸運にも恵まれ、つかんだチャンスに全力で挑んだ戸郷は結果を残し、2018年秋に行われたドラフト会議で読売ジャイアンツに6位指名。晴れてプロ入りを果たした。

1年目から日本シリーズのマウンドを経験するなど、着実に実力を磨いてきた戸郷は今やジャイアンツの若きエースとしてチームをけん引。23年3月の第5回ワールド・ベースボール・クラシック（WBC）の日本代表にも名を連ねるまでに躍進を遂げている。そんな現在の活躍は、戸郷が「野球人生の大きな分岐点だった」と語る高校3年間なくしてはあり得なかった。

原点は兄との野球ごっこ

戸郷は学生時代に野球をしていた父親の影響もあり、物心ついた時からボールを投げるのが大好き。兄と〝野球ごっこ〟をして遊ぶのが日課だった。そして、戸郷にはもう一つ趣味があった。魚釣りだ。だからゲームをするよりも、ボールを投げて遊ぶか、魚釣りをしに川に行きたがる子どもだった。

小学校に入学と同時に地元のスポーツ少年団のチームに入り、本格的に野球を始めた。たとえ体調を崩して学校を休んでも、野球の練習には行きたがるほど熱心に練習した。ポジションはピッチャーとキャッチャーを兼任。「1試合はキャッチャーを務めて、次の試合はピッチャーで先発して完投するという感じ」だったという。

将来の夢は、プロ野球選手。福岡ソフトバンクホークスのファンだったという戸郷は、宮崎県から福岡県までプロ野球の観戦に福岡ドーム（現・福岡ＰａｙＰａｙドーム）にも何度も足を運んだ。

妻ケ丘中学校の軟式野球部では、1年生の時は主にキャッチャーをしていたが、都城市内の中学校が一堂に会して行われた1年生大会ではピッチャーを務め、優勝に貢献した。そして2年生に上がる時に志願して、ピッチャーに専念することになった。

「キャッチャーも配球を考えたりするのが面白いとは思っていたのですが、その配球どおりに投げられるようなピッチャーになれたらもっと面白いだろうなと思ったんです。1年生大会でピッチャーとして優勝を味わったことも一つのきっかけになったかもしれません。それで監督に〝ピッチャーをやらせてください〟とお願いをしました」

戸郷は理想とするピッチャー像を追い求め、暇さえあればシャドーピッチングを繰り返した。中学校を卒業するころには身長が180センチを超えていた戸郷の存在は、県内の野球関係者には知れ渡っていた。

その戸郷が進学先に選んだのは、聖心ウルスラ学園高だ。男女共学となった2002年に創部した野球部は、4年目の05年の夏には甲子園初出場を果たした新鋭校。00年に同じ宮崎県の延岡学園高を甲子園に導いた小田原斉監督が指揮官を務め始めた12年からは2年連続で夏の宮崎大会を準優勝していた。その小田原監督は中学時代から戸郷を知っていた一人だ。

「当時副部長をされていた石田敏英先生から『スリークォーター気味で投げるピッチャーで、体は細いけれど面白い選手だと思う』と聞いて、戸郷が中学3年生の時に私も練習を見に行ったことがありました。正直まだ突出してすごい部分があるというようなピッチャーではありませんでした。ただ、やっぱりそのころから球の強さというのはありましたね。それとピッチングだけではなくて、立ち居振る舞いにも魅力を感じる部分がありました。まぁ、でも本当に当時は普通の中学生という感じで、元気があって楽しみながら野球をやっているという感じでした」


延岡市にある聖心ウルスラ学園高は、戸郷が住んでいた都城市から約100キロ離れた宮崎県の北部にある。そのため戸郷は入学と同時に親元を離れて寮生活を送った。休みはほとんどなく、まさに野球漬けの高校生活だった。

とにかく体の線が細かった戸郷は、しっかりと体を作るところからのスタートだった。食事はしっかりと摂っていたが、なかなか体重が増えずに苦労は絶えなかったという。それでも真面目に取り組むうちに、6月ごろには練習試合にも登板のチャンスをもらえるようになっていった。

しかし、戸郷には強力なライバルがいた。同じ1年生ピッチャーの上村奎仁だ。入学時に身長が182センチあった戸郷とは違い、上村は165センチほどと体は小さかったが、多彩な変化球を持ち、制球力も良かった。上級生の中に入っても実力的には2、3番手に入り、すでに「将来のエース候補」と目されていた。一方、フォームが固まっておらず、リリースポイントもバラバラだったという戸郷は制球難に苦しんでいた。そのため練習試合で投げても、四球が多く、逆にストライクを取ろうと置きにいった甘い球を打たれるというケースが少なくなかった。球速はほとんど変わらなかったが、コントロールの面では上村との間には大きな差があった。夏の宮崎大会にはどちらかがベンチ入りすると見られていたが、結局ピッチャーとしてまとまっていた上村に軍配が上がった。戸郷はその夏、スタンドで応援することしかできなかった。それは野球人生で初めて味わった大きな挫折だった。

春は県ベスト4と好成績を収めていた聖心ウルスラ学園高は、夏も優勝候補の一角に入っていたが、3回戦で宮崎大宮高に4対5と惜敗。6回を終えて3対0とリードしていたが、終盤に相手打線の猛攻にあい、逆転負けを喫した。

3年生が引退し、新チームで臨んだ秋季大会、戸郷は初めてベンチ入りを果たした。しかし当時の主戦は上村で、戸郷は3番手くらいの存在だった。そしてチームは2回戦敗退と結果を残すことができなかった。

飛躍へのターニングポイント

その冬、小田原監督はトレーニングの強度を高めると同時に、食事においても徹底的に指導を行い、フィジカル強化を図った。また戸郷たち投手陣は、投手コーチの役割も務めていた近藤部長の指導のもと、下半身を中心としたトレーニングにも励んだ。

ひと冬を越えた戸郷の体はひと回り大きくなった。もともと1年の冬に出場した競技力大会では遠投部門で117メートルを投げて優勝するほど、強肩の持ち主だった戸郷のピッチングは傍目からも変化が分かるほどに大きく成長した。春の大会前にはストレートの球速も5、6キロアップし、常時140キロを超え、変化球のキレも増した。

当時の戸郷の成長の要因について、近藤部長はこう語る。

「ピッチャー陣には下半身強化など13種類のトレーニングを課していました。それが終わると投球練習をして、最後には補強のトレーニングもしていたんです。それを秋、冬と毎日毎日積み重ねていくことによって、戸郷の体もできていきました。また、股関節の柔軟性や軸足の使い方ができるようになったことで、それまで球が抜けたり、引っかけたりとバラバラだったリリースポイントが安定してきた。そんなふうにして、もともと持っていた能力が開花していったのだと思います」

また近藤部長の指導によってピッチングに対する意識も変わったという戸郷。ターニングポイントともなった当時の自身の変化について、こう振り返る。

「それまでは強くて速い球を投げれば抑えられると思っていたので、とにかく球速にこだわって投げていました。でも1年の時に結果を出せなかった要因も、上村に明らかに劣ってたのもコントロールだった。そこで改めてコントロールの重要性を理解しました。それで冬場に下半身を鍛え、胸の開きを抑えたフォームで投げられるようになったところ、右バッターへのアウトコースに角度あるストレートが投げられるようになったんです。これがとても大きかったです」

チームの誰もが認めるエースへ

1年秋からベンチ入りしていた戸郷は2年夏、ついに頭角を現した。小田原監督は、その前兆を、5月のゴールデンウイークに行われた練習試合で感じていた。

「大分商高と練習試合をしたことがあったのですが、その時に15個くらい三振を取ったんです。ストレートもコンスタントに140キロ台が出ていましたし、何よりスライダーのキレが良かった。そのピッチングを見て〝本当にエースらしくなってきたな〟と頼もしく感じました。チームもそんな彼を中心にまとまり始めていました。だから〝今年の夏はいけるかもしれない〟という気持ちがありました」

実は同じような時期に、近藤部長も戸郷の躍進ぶりに目を見張っていた。

「夏の大会前の6月に隣の大分県の日本文理高グラウンドで、複数の高校と練習試合をしたことがあったのですが、そのうちの一つ、福岡工大城東高との試合では戸郷が完投して3対2で勝ちました。その時の戸郷のピッチングはすごかった。真っすぐも走っていましたし、スライダーもキレていて、結果的に12個くらいの三振を奪ったんです。〝あ、ついに来たな〟と思いました」

伝統校の大分商は、前年秋は県3位で九州大会に出場し、春も県で準優勝と当時も甲子園を狙える強豪校の一つとして注目されていた。さらに福岡工大城東高も前年夏は決勝進出と甲子園まであと一歩に迫り、その年の春も県ベスト8と夏に向けてチームを仕上げてきていた。そんな九州地区の強豪校を相手にも三振の山を築ける実力が戸郷には備わっていた。

戸郷の成長ぶりを感じていたのは指導者ばかりではなかった。聖心ウルスラ学園高では背番号は選手たちの投票によって決まる。その結果、夏に「背番号1」を渡されたのは戸郷だった。いつの間にか、チームの誰もが認めるエースとなっていた。

迎えた宮崎大会。春は3回戦で敗退していた聖心ウルスラ学園高はノーシードからのスタートだった。まずは延岡商高との初戦に先発した戸郷は、7回を4安打1失点、13奪三振。打線も初回から3点を奪うと、6、7回にも1点ずつを加点。さらに8回表には打者一巡の猛攻で一挙5点を奪ってコールド勝ち。投打に圧倒した聖心ウルスラ学園高が上々の滑り出しを見せた。

▲甲子園のマウンドで躍動する戸郷。あこがれだった舞台で輝きを放った

戸郷を温存した2回戦は初回に富島高に2点を先制されたが、その直後に同点に追いつくと、3回裏には一挙4点を追加し、試合の主導権を握った。結局、ホームランを含む16安打の猛攻を見せた聖心ウルスラ学園高が12対3で7回コールド勝ちした。

2試合連続でコールド勝ちと圧倒的な強さを見せていた聖心ウルスラ学園高だったが、3回戦は苦戦を強いられた。相手は新チーム発足後、秋、春と2季連続でベスト8進出の好成績を収めていた日章学園高。2試合ぶりに先発マウンドに上がった戸郷は、その日章学園高に初回に先取点を許した。

しかし、その直後の2回表、味方が2点を挙げて逆転。さらに3回表にも1点を加点し、援護してくれた。4回以降はお互いに追加点が奪えないまま、試合は終盤に入った。7回表、聖心ウルスラ学園高が1点を追加し、4対1とリードを広げた。ところが8回裏、2回以降は無失点と好投を続けていた戸郷が相手打線の猛攻にあい、3失点。4対4の同点とされ、試合はそのまま延長に突入した。

迎えた11回表、聖心ウルスラ学園高は先頭の六番・柳田駿兵が三塁打を放ち、得点のチャンスをつかんだ。すると一死後には八番・赤木優太のスクイズで勝ち越し。さらに九番・戸郷も出塁すると、一番・増田崇志がダメ押しとなる3ランを放った。その裏、戸郷は無失点に抑え、8対4で勝利。11回を完投した戸郷は16奪三振と力投し、エースとしての仕事を果たした。


準々決勝の鵬翔高戦は1対2と1点ビハインドの6回裏、一死一、二塁から連打、さらに相手守備のエラーも絡めた攻撃で一挙4点を挙げて勝ち越した。投げては3投手の継投で5回を除き無失点に抑えた聖心ウルスラ学園高が、5対2で勝利。3番手として9回表に登板した戸郷もヒットこそ許したが、危なげないピッチングでゼロに抑え、チームの勝利を呼び込んだ。

宮崎日大高との準決勝は試合前半に7安打の固め打ちを見せた聖心ウルスラ学園高が

5回を終えて5対0と主導権を握った。投げては先発した戸郷が要所を締める好投で完投。5対2と試合巧者ぶりを発揮し、勝利を収めた。

聖心ウルスラ学園高にとって2013年以来、4年ぶりの決勝は、前年春の優勝校で、夏は1980年以来、37年ぶり2回目の甲子園出場を狙う日向学院高とのノーシード校同士の対決となった。

1回表、いきなり聖心ウルスラ学園高打線の猛攻が始まった。一死一、二塁から四番・矢野偉吹が先制タイムリーを放つと、その後も2点を追加。これで流れを引き寄せると、3回表にも3点を追加。投げては戸郷が2失点を喫した6回以外はすべてゼロに抑え、4安打で完投。投打がかみ合った聖心ウルスラ学園高が7対2と快勝し、春夏通じて初出場だった05年以来12年ぶり2回目の甲子園出場を決めた。

悲願の甲子園初勝利

17年8月8日、第99回全国高校野球選手権大会が開幕。2年生エースの戸郷を擁した聖心ウルスラ学園高は、大会3日目、初出場の早稲田佐賀高（佐賀）との1回戦に臨んだ。先制したのは、聖心ウルスラ学園高だった。2回表、四番・矢野が両チーム通じて初ヒットで出塁すると、五番・請関史也もヒットで続き、六番・柳田の送りバントで一死二、三塁に。ここで七番・上村のスクイズが決まり、貴重な先取点を挙げた。さらに4回表には二死から柳田の二塁打を皮切りに4連打を浴びせ、一挙4点を追加してリードを広げた。

投げては戸郷が5回一死まで無安打ピッチングと、早稲田佐賀高打線を翻ろう。7回裏につかまり4連打で2点を失ったものの、なおも無死二、三塁のピンチに2つの三振を奪う力投で追加点を許さなかった。8、9回も先頭打者にヒットを許し、ランナーを背負ったが、味方の守備にも助けられ、戸郷は無失点に抑えた。聖心ウルスラ学園高が逃げ切り、5対2で勝利。140球を投げて8安打11奪三振2失点と好投した戸郷は、同校にとって悲願だった甲子園初勝利に大きく貢献した。

「甲子園で歌う校歌は、宮崎大会とはまったく違うものでした。とにかく一番に宮崎県の人たちが喜んでくれたこと。試合後、いろいろな方から連絡をいただき、努力してきて良かったなと思いました」

2回戦は大会8日目の16日、11年連続出場と甲子園常連校の聖光学院高（福島）と対戦した。実は両校の宿舎は同じで、たびたび顔を合わせていた。

「対戦が決まってからも宿舎のエレベーターやロビーで会ったりして、なかなか気持ちが落ち着きませんでした」

この試合も先にリードを奪ったのは、聖心ウルスラ学園高だった。まずは1回裏、先発の戸郷が二死から連打を浴び、二、三塁のピンチとするも、五番・柳沼楽人をショートゴロに仕留めてしのいだ。するとその直後の2回表、今度は聖心ウルスラ学園高がチャンスをつかむ。初回は好投手・前田秀紀の前に三者凡退に終わったが、この回は先頭の四番・矢野がセンター前に弾き返し、出塁。一死後、六番・柳田が両チーム通じて初の長打となる二塁打を放ち、1点を先制した。さらに二死後、八番・赤木が死球で出塁すると、九番・戸郷の2点タイムリーで3対0とリードを広げた。

2回裏こそ三者凡退に斬って取った戸郷だったが、3回裏には再び聖光学院高打線につかまった。無死から代打の小水内浩太にセンターに運ばれると、一死後には二番・松本聖也、三番・瀬川航騎と2者連続で二塁打を浴びて2失点。さらに4回裏には一番・矢吹、5回裏には自らの暴投で1点ずつを失い、逆転を許した。

8回裏にも1点を失い、3対5と2点ビハインドで迎えた9回表、聖心ウルスラ学園高は先頭打者の五番・請関がホームランを放ち、1点差に迫った。しかし、チームの反撃もここまで。後続が続くことができず、4対5で惜しくも敗れて甲子園を後にした。戸郷は7回⅓、123球を投げて、10安打5失点（自責点4）。高校3年間で最も印象に残った一戦になった。

「途中からはすべて通用しなかった感じでした。当時はスライダーを武器にしていましたが、そのスライダーもすべて見極められてしまい、ストライクを取りにいったストレートをきれいに弾き返されるの繰り返し。野球人生で初めてというのは大袈裟ですが、どこに投げても打たれる感覚があって、自分のピッチングをさせてもらえませんでした。やっぱり全国レベルのバッターはすごいなと。力の差を痛感しました」。なかでも4回裏、同じ2年生の矢吹に打たれた同点タイムリーは今でも鮮明に記憶に残っているという。「今で言うフォーク、当時はチェンジアップと言っていたのですが、その球をきれいにセンター前に打たれました。その打球が本当に印象的でした」

▲気迫あふれる投球でチームをけん引した戸郷

実は2022年のオールスターゲームに出場した際、同じ全セ・リーグの湯浅京己（阪神タイガース）と当時の思い出話を語り合ったという。

「湯浅選手は1学年上の聖光学院の選手だったので、僕らと対戦した試合を覚えてくれていました。矢吹選手もそうですし、湯浅選手と同級生で四番だった仁平（勇汰）さんとか、すごいバッターばかりでしたよね、と懐かしい話をして盛り上がりました」

その聖光学院高との試合で全国のレベルを知り、実力不足を痛感した戸郷だったが、ある大きな目標がはっきりと見え始めていた。

「甲子園常連の聖光学院さんと対戦したことは誇りに思いましたし、あの一戦のおかげでさらに努力しようと思えたからこそ、今の僕があると思っています。子どものころからプロにあこがれの気持ちはあっても、いつの間にか自分には無理だろうなと思うようになっていました。だから高校卒業後は公務員、あるいは趣味の魚釣りを生かして漁師になろうかなと漠然と思っていたんです。でも、開幕前の甲子園練習で初めてマウンドに上がらせてもらった時に自分は今、プロ野球選手と同じマウンドにいるんだと思ったらうれしくて、プロになることを決意しました。そして甲子園出場をきっかけに、プロのスカウトの方々が来てくれるようになったこともあって、本気でプロを目指すようになりました」

悔しさを味わった最後の夏

2年の秋、戸郷の代が最上級生となって初めて臨んだ県大会は初戦、飯野・都城高専に11対1で7回コールド、続く2回戦は延岡星雲高に7対2で快勝と、幸先いいスタートを切った。しかし、3回戦で都城東高に2対4で競り負け、春のセンバツ初出場の可能性は早くも潰えた。

そこで最後の夏に向けて、チームは冬場のトレーニングに励んだ。一方、甲子園で全国レベルの野球を経験した戸郷はプロへの道を考えるようになり、練習もよりストイックになっていた。チーム練習以外の時間も自主的に練習し、新たな球種の習得にも力を注いだ。

ひと冬を越え、チームも戸郷自身もさらに成長して迎えた春、聖心ウルスラ学園高の強さは他を圧倒していた。宮崎大会では4試合中3試合で完封勝ち。さらに2試合をコールドで勝ち進み、強豪・日南学園高との決勝も2対1で競り勝った。

14年秋以来となった九州大会では、初戦で明豊高（大分）に3対4で惜しくも敗れたが、戸郷は先発完投。ストレートの最速は145キロまで上がり、フォークで空振りを取るなど変化球にもキレがあった。

その戸郷を擁し、第1シードで迎えた夏の宮崎大会、聖心ウルスラ学園高は2年連続での甲子園出場を目指した。まずは初戦（2回戦）の都城農戦は2回裏に戸郷自らのタイムリーで2点を先制。4回にも相手エラーを絡めて犠牲フライなどで2点を追加した。投げては先発の戸郷が自己最速の148キロをマークするなど尻上がりに調子を上げ、要所を締めて3失点、14奪三振で完投。聖心ウルスラ学園高が4対3で逃げ切った。

宮崎西高との3回戦は打線が14安打の猛攻を見せ、序盤から試合の主導権を握った。2回表、八番・黒木遼介、九番・戸郷、一番・山内が怒涛の3連打を浴びせて一挙3点を先制すると、6回表にも黒木が三塁打を放つなどして3点を追加した。初戦に続いて先発した戸郷は、4、5回裏に1点ずつを失うも5回まで3安打の好投で流れを引き寄せた。6回から継投した林田蓮瑚も8回裏に2点を奪われたが、9回裏はゼロに抑えてリードを守った。10対4で勝利を収めた聖心ウルスラ学園高は、ベスト8に進出した。

迎えた準々決勝、相手は日章学園高となった。前年の夏は3回戦で対戦し、8対4で勝っていたが、この日は序盤に相手に流れを渡す苦しい展開となった。3連投となった戸郷は度重なるピンチにもなんとか粘りの投球で最少失点に抑えるも、2、3、4回と1点ずつを奪われ、リードを許した。

一方、打線はランナーを進めることができず、日章学園高のエース・林田昂也の前に8回まで無得点と、戸郷を援護できなかった。我慢のピッチングが続いた戸郷だったが、9回表には一番・宮ノ原悠哉に2ランを浴びてしまった。これが公式戦では初めて打たれたホームランだった。聖心ウルスラ学園高はようやく9回裏に2点を挙げて反撃ののろしを上げたものの、時すでに遅し。2対6で敗れ、延長戦を制した前年の夏のリベンジを果たされた。

「お互いに甲子園に行くための一番のヤマ場だと考えていたと思います。僕も〝この試合に勝ったら、絶対に甲子園に行ける〞と思って気合を入れて投げていたのですが、宮ノ原選手には真っすぐを本当にきれいにセンターに打ち返されてしまって、とても悔しかったです。後で聞いたら日章学園さんは僕に対して相当研究をし、対策を立てていたみたいですね。自分は2年生で甲子園を経験していましたが、他の同級生たちにもあの舞台を味わってほしかったですし、一緒に活躍したいなと思っていました。だから悔しかった。責任を感じました」

最後の夏は甲子園のマウンドに上がることはできなかったが、戸郷には大きなチャンスが残されていた。この年の9月にU-18アジア野球選手権大会が戸郷の地元、宮崎県で開催されることになっていた。県大会で敗れた戸郷はやはり日本代表に選出されなかったが、大会前の壮行試合の相手としてチームが組まれた宮崎県選抜に選出されたのだ。そのため、宮崎大会を終えた後の2カ月間、戸郷はトレーニングを続けていた。

出番はすぐに巡ってきた。初回、宮崎県選抜の先発投手が2点を奪われ、なおも二死三塁の場面、2番手として戸郷がマウンドに上がった。後に立正大から北海道日本ハムファイターズにドラフト5位で指名を受けてプロ入りする奈良間大己（常葉大菊川高）から空振り三振を奪ってピンチの芽を摘むと、2回以降も好投し、結局5回1/3を投げた。エラー絡みで2失点を喫したものの、最速149キロのストレートにスライダー、チェンジアップの変化球を織り交ぜ、5安打9奪三振と結果を残した。何より日本代表の強打者たち相手に臆することなく、思い切り腕を振り抜いて投げる強気の姿が、プロのスカウトたちの注目を集めた。

「甲子園に行けなかった分、絶対にここでアピールするぞという気持ちがありました。甲子園を沸かせた金足農高の吉田輝星（北海道日本ハムファイターズ）に負けないピッチングをして、優勝した大阪桐蔭高の根尾昂（中日ドラゴンズ）や藤原恭大（千葉ロッテマリーンズ）といった強打者を抑えてプロに行くんだ、と。僕にとってラストチャンスだと思っていたので、全力で抑えにいきました」

その戸郷の全力投球にほれ込んだのが、読売ジャイアンツの原辰徳監督だった。

「入団する時に聞いたのですが、原監督があの時の試合の映像を見てくださって、それで僕を指名することに決めたんだと。あの試合が、僕の人生の分岐点になりました。甲子園に行けなくても、あきらめずに練習を頑張って本当に良かったです」


そして、高校3年間をこう振り返った。

「高校野球は僕に大きな夢を与えてくれました。そして、きつかった夏練、冬練をみんなで乗り越えながら甲子園を目指すというチームの団結力が、僕に力を与えてくれて、今の活躍につながっていると思っています。人間性も高校入学当初とはずいぶんと変われたんじゃないかと思っています。小田原先生にはよく『最後は、人間性だぞ』と言われていたのですが、社会人になった今、本当にそのとおりだなと実感しています。なので、人に感謝する気持ちは今も一番大事にしています」


時には厳しく叱ることもあったという小田原監督も、戸郷の成長ぶりには目を細める。

「技術的なところで言えば、コントロールも良くなりましたし、球速も変化球のキレも増して、まさに思い描いていたとおりの成長を見せてくれました。そして精神面でも成長してくれたと思います。中学生の時はどちらかというとやんちゃな感じがあったのですが、高校3年間で人に気遣いができるようになりましたし、インタビューの受け答えもしっかりとできるようになりました。高校野球は技術以上に、人間形成の場ですので、戸郷のそうした成長は本当にうれしいです。そして、今もまったく変わらずにいてくれていることが、うれしいですね」

そんな戸郷は、子どもたちや球児たちにこんなメッセージを送る。

「まずは一番に野球を楽しんでほしいと思います。そして、ご両親をはじめいろいろな人に感謝してほしいと思いますし、それを言動に表してほしいなと。例えば、道具を大切にすることもその一つ。そういうことを大事にできる選手は、きっと野球もうまくなると思います」

２０２３年３月のＷＢＣでは、高校時代には叶わなかった日本代表のユニフォームに袖を通した。２試合に登板し、５回を投げて防御率１・80。特にアメリカとの決勝では、先発・今永昇太（横浜ＤｅＮＡベイスターズ）の後を受けて2番手として2回を投げて無失点に抑え、侍ジャパンの優勝に大きく貢献した。

さらにメジャーリーガーたちとの〝共演〟も、戸郷に大きな刺激を与えた。

「メジャーであれだけ活躍している人たちが、こんなにも深く考えて野球をやっているんだということを感じて、自分の考えなんて全然足りていないということがよく分かりました。野球に対する姿勢ひとつとっても、学ぶところが多かったです」

ピッチャーにとって最高の栄誉とされる沢村賞を目標に、これからも人として選手として精進していく。

戸郷翔征にとって「高校野球」とは?

「きつかった練習をみんなで乗り越えながら
甲子園を目指すという
チームの団結力が、僕に力を与えてくれ、
今につながっている」

▶聖心ウルスラ学園高時代の主な戦績

2017年夏	選手権宮崎大会	1回戦	延岡商	○	10-1	
		2回戦	富島	○	12-3	
		3回戦	日章学園	○	8-4	
		準々決勝	鵬翔	○	5-2	
		準決勝	宮崎日大	○	5-2	
		決勝	日向学院	○	7-2	
2017年夏	全国選手権大会	1回戦	早稲田佐賀	○	5-2	完投　9回8安打11三振2四死球2失点1自責点
		2回戦	聖光学院	●	4-5	先発　7 1/3回10安打1三振2四死球5失点4自責点
2017年秋	宮崎大会	1回戦	飯野・都城高専	○	11-1	
		2回戦	延岡星雲	○	7-2	
		3回戦	都城東	●	2-4	
2018年春	宮崎大会	3回戦	門川	○	10-0	
		準々決勝	高鍋	○	2-0	
		準決勝	宮崎工	○	7-0	
		決勝	日南学園	○	2-1	
2018年春	九州大会	1回戦	明豊	●	3-4	
2018年夏	選手権宮崎大会	2回戦	都城農	○	4-3	
		3回戦	宮崎西	○	10-4	
		準々決勝	日章学園	●	2-6	

甲子園に出場した選手は学年に関係なく、出場年の地方大会、地区大会の戦績から掲載。

未出場の選手は最終学年の秋・春・夏の戦績。個人成績は甲子園出場時の成績のみを掲載

PROFILE

とごう・しょうせい● 2000年4月4日生まれ。宮崎県出身。187cm84kg。右投右打。聖心ウルスラ学園高では2年時に夏の甲子園出場。3年夏は宮崎大会で敗れたものの、宮崎県選抜の一員として出場したU-18高校ジャパンとの壮行試合で好投を見せ、評価を高める。18年秋に行われたドラフト会議で巨人から6位指名。1年目は優勝が決まったDeNA戦で一軍初登板初先発。20年からは先発ローテーション入りし、チームに欠かせない右腕として活躍。23年のWBCでも抜群のマウンド度胸で存在感を示した。

青春ストーリー5

髙橋宏斗

［中京大中京高―中日ドラゴンズ］

高校野球が学ばせてくれたこと

2020年、高橋宏斗は〝高校生ナンバーワン投手〟として華々しく全国デビューを果たすはずだった。しかし、新型コロナウイルス感染症が巻き起こしたパンデミックに翻ろうされ、春夏ともに大会中止という厳しい現実を突きつけられた。それでも高橋は努力することを怠らなかった。フィジカル強化を図り、フォームを改善し、球速を伸ばした。その結果、愛知県の独自大会で優勝し、甲子園での交流戦では延長10回を投げ切り、サヨナラ勝ち。そしてその年の秋、ドラフト会議では幼少時代から親しんできた中日ドラゴンズから1位指名を受けた。

小学生の時にドラゴンズジュニア入りした時以来となる竜のユニフォームに袖を通した高橋は、2年目の22年に一軍デビュー。7月の横浜DeNAベイスターズ戦では、球団の日本人選手最速となる158キロをマークした。3週間後の広島東洋カープ戦では8回一死まで無安打無失点と、ノーヒットノーラン達成まであと一歩に迫る快投を披露。シーズン通算では6勝7敗と勝ち越しとはならなかったが、後半戦では連続イニング無失点記録を27回2/3まで更新し、防御率2・47と見事な投げっぷりだった。

23年3月の第5回ワールド・ベースボール・クラシック（WBC）のメンバーにも最年少で選出され、救援投手の1人として世界一奪還に貢献した高橋。躍進を続ける右腕の高校時代に迫る。

ドラゴンズファンの野球小年

愛知県尾張旭市で生まれ育った髙橋は、5歳上の兄・怜介さんの影響を受けて幼少時代から野球が大好きな少年だった。中日ドラゴンズのファンで、特に当時エースとして活躍した川上憲伸にあこがれ、ナゴヤドーム（現・バンテリンドーム）にも何度も行った。

小学2年生になると地元の「三郷ファイターズ」に入団し、本格的に野球を始めた。6年生の時には、ドラゴンズジュニアに選抜されて「二番・ショート」として出場した経験を持つ。中学校時代は高校の先輩でもあり、2009年の夏の甲子園で全国制覇を成し遂げた堂林翔太（広島東洋カープ）も在籍した「豊田リトルシニア」でプレー。2年生からは投手に転向し、3年夏の全国大会ではベスト16に進出した。

そんな髙橋が進学先に考えていたのは、3つの条件に合う高校だった。

愛知県内であること。さらには実家から通える場所にあること。そして、甲子園で優勝を狙える全国クラスの野球部があること。そんな髙橋の希望がすべてそろっていたのが、中京大中京高だった。

　1923年の創立と同時に創部した野球部は、66年には春夏連覇を果たし、春4度、夏7度と全国最多となる11回の優勝を誇る。近年では97年春のセンバツで準優勝し、2009年夏には43年ぶりに優勝に輝いた。甲子園での勝利数（23年春終了時点、136勝）も全国最多という超名門校だ。そんな同校の練習は、中学を卒業したばかりの高橋には想像以上にきついものだった。

「それまでは土、日だけの練習で、毎日ということはなかったので、まず最初に毎日練習するということ自体が体力的にきつかったです。それと当然ですが、僕ら1年生と3年生とでは体力的にも技術的にもかなりのレベルの差があって、〝こんなすごいところでやっていけるのかな〟という気持ちもありました」

　野球部のグラウンドは学校の敷地内にあり、周囲は住宅に囲まれている。そのため夜遅くまで練習することはできず、放課後は7時ごろには終了となる。その分、早朝に練習時間を割くようにし、毎朝7時に練習が行われる。学校まで電車で約1時間半ほどのところにある自宅から通っていた高橋は、その朝練に間に合うように毎朝4時45分に起床し、5時半の電車に乗った。わりと朝は強いほうだという高橋にとって起床すること自体は難なくできたというが、それでも体の疲れが取れないままの電車通学はやはり大変だった。

高校3年間、指導した高橋源一郎監督が、高橋のプレーを初めて見たのは彼が中学2年生の時だった。実は高橋監督が高橋を知るきっかけとなったのは、兄・怜介さんだったという。

「お兄さんが豊田シニアでプレーしていた時に、何度か練習や試合を見に行ったことがありました。そのお兄さんがエースだった豊田シニアは日本一にもなったんです。学力もある選手でしたので、文武両道としているわが校にも合うし、ぜひ一緒に野球をやりたいと思っていたのですが、結局関東のほうの高校に進学されたので、残念ながら縁がありませんでした。当時から彼には5つ下に弟さんがいるということは知っていましたので、どんな選手だろうという関心はずっと持っていました。実際にプレーを見たのは宏斗が中学2年生の時だったと思います。チームの監督さんからも〝兄とは正反対〟と

▲甲子園での交流試合で気迫あふれるピッチングを見せる髙橋

いうふうに聞いていましたが、練習熱心で投げている姿からも落ち着きがあってクレバーな感じのお兄さんとは違い、宏斗はまさに〝やんちゃな次男坊〟という感じでした。ただ、やっぱり血筋と言いますか、持っているものはいいものがあるというのは感じていました。とにかく器用だったんです。内野もショートをやっていましたし、ピッチャーとして投げてもコントロールも良かった。体の線はまだ細かったですが、これからもっと成長するだろうなというところもありましたので、非常に伸びしろを感じる選手でした」

入学直前の3月に高校の練習に参加した時には、誰よりも元気よく練習に取り組む髙橋の姿を見て、高橋監督はさらに期待が膨らんだ。

「中学生の時の監督さんからは〝練習も要領よくやる子で、うまくさぼったりするんですよ（笑）〟という話を聞いていましたので、練習への取り組みはどうなのかなと思っていたのですが。初めてうちの練習に参加した時にハツラツと動いていて、ちょっとびっくりしたんです。最初のうちだけかもしれないと思って見ていましたが、入学して4、5月になっても練習熱心さは変わりませんでした。〝高校ではしっかりとやろう〟という気持ちで入ってきたんだろうと思います」

潜在能力の高さはすぐに表れた。5月の連休にBチームの一員として練習試合で登板すると、いきなり140キロ台をマーク。普段、練習中のキャッチボールの時から球筋の良さを感じていた高橋監督は、すぐにAチームに昇格させ、夏の大会には背番号「19」でベンチに入れた。

「キャッチボールの時の球が、ほかの1年生とは全然違いました。しっかりとスピンがかかって、ボールがたれずにギュンッと上がっていくようなほれぼれとする球を投げていたんです。実際にどれくらいのスピードなのかなと思っていたら、5月の練習試合で141キロを出していたので、これはもうBチームではなくてAチームに上げて、その中で育てていこう、と思いました」

ピッチャーとしての素質の高さだけでなく、高橋監督は性格的にもAチームでやっていける頼もしさを高橋に感じていた。上級生に対して委縮することはなく、自分から声をかけ、誰からもかわいがられるタイプだったからだ。

1球の大切さを知った試合

そんな高橋が入学した2018年は、中京大中京高にとっては厳しいシーズンだった。春は県大会2回戦で敗れ、西愛知大会として開催された夏はベスト8に進出したが、準々決勝で至学館高との打撃戦に7対9で敗れた。そんな中、高橋は最後の至学館高戦で4番手として登板し、1回を無安打に抑え、上々のデビューを果たした。

3年生が引退し、再スタートを切った中京大中京高は、その年の秋、秋季愛知大会決勝では東邦高に4対8で敗れたが、準優勝校として東海大会に出場した。その東海大会で、髙橋は147キロをマークし、一躍注目されるようになった。チームは準決勝で津田学園高（三重）に2対13で5回コールド負けと完敗を喫し、あと一歩のところでセンバツ出場を逃した。髙橋も2番手で登板し、1回2/3を投げて5失点という散々な結果だった。「当時の主戦は違うピッチャーでしたが、甲子園に出場するには、やはり宏斗をどう育てていくかがカギを握っていました」と髙橋監督は語る。そこで東海大会後、髙橋はもともと痛めていた肘の靭帯を治療するため自らの血液を利用した再生医療「PRP療法」に踏み切った。3カ月ほどボールを投げることはできなかったが、それまであった肘への不安が解消されたことは大きかった。

髙橋が背番号「1」を背負った翌春、県大会でベスト4に進出した中京大中京高は、夏は3回戦からの登場となった。その初戦、エースを温存した中で名東高に11対1で5回コールド勝ちすると、4回戦では刈谷工高を10対0。先発した髙橋は4安打完封勝利を収めた。5回戦で国府高を11対0と3試合連続で5回コールド勝ちを収めた中京大中京高は、準々決勝では愛産大三河高に4対0。髙橋は9回を投げ切り、6安打完封。2試合を投げて、いまだ無失点の好投だった。

迎えた準決勝。相手は誉高。前年秋は初戦敗退、春も3回戦で敗れており、下馬評では中京大中京高が圧倒的に有利とされていた。しかし、その誉高に4対5で惜敗。先発した髙橋は5失点を喫し、7回途中で降板となった。

「優勝候補とされていた東邦や愛工大名電がすでに敗れていたので、うちとしては甲子園に出場するチャンスだと思っていました。でも、準決勝では思うようなピッチングができずに悔しい結果となりました。特に4回裏に打たれたセンター前へのタイムリーは、2ストライクに追い込んだ後だっただけに、悔いが残る1球でした。キャッチャーがアウトコースに構えたのに対して、シュート回転して真ん中甘めに入ってしまった。ジャストミートではありませんでしたが、打球が僕の頭を越えてセンターに転がっていったんです。あの1球で試合の流れが相手に行ってしまったように思います。改めて1球の大事さを知ったと同時に、詰めの甘さだったり、まだまだ実力のなさを感じました」

新型コロナで消えた甲子園

その悔しさを糧に髙橋はその後、大きく飛躍した。最終学年となって臨んだ秋の愛知大会に続き、東海大会でも優勝に輝くと、全国デビューとなった11月の「第50回記念明治神宮野球大会」（高校の部）も制覇。決勝では健大高崎高（群馬）に4対3で競り勝ち、初優勝に輝いた。

3大会で通算12試合に登板した髙橋は、先発した全8試合で完投し、5試合で完封。150キロ台を連発した力のあるストレートだけでなく、カットボール、スライダー、ツーシーム、カーブと多彩な変化球も超高校級だった。公式戦では無傷の19連勝の偉業を成し遂げた中京大中京高。そのチームのエースであった髙橋は名実ともに〝高校生ナンバーワン投手〟だった。

準々決勝で対戦した明徳義塾高（高知）の馬淵史郎監督が「ストレートは高校時代の松坂大輔（当時、横浜高）より上」と記者たちに語るほど、当時の髙橋は抜きん出た存在だったのだ。

そのころには、高橋監督は高橋に全幅の信頼を寄せ、練習メニューも本人に任せるようになっていた。

「宏斗は、今の自分には何が足りなくて、それを克服するためにはどういうことが必要かということを自分で追求し、実行する能力にも長けていました。大学生の学生コーチからも〝宏斗は自分で考えてやれます〟というふうに聞いていましたので、本人に任せていました」


その高橋を擁する中京大中京高は、当然、翌春のセンバツでは優勝候補の筆頭に挙げられ、注目されていた。目指すは無敗での「グランドスラム」。明治神宮大会に続いて春、夏の甲子園、そして秋の国民体育大会を制覇することだった。

ところが、非常事態が起きた。新型コロナウイルス感染症の拡大……。しかもそれは日本国内にとどまらず、世界におけるパンデミックというものだった。２０２０年3月11日、すでに出場が決まっていたセンバツは開幕直前にして中止が決定。初の聖地で全国制覇を達成しようと意気込んでいた高橋は、その知らせに実感が湧かず、どう気持ちを整理していいか分からなかった。

しかし、本当の試練はその後だったと高橋監督は語る。

「センバツが中止となった時点では、私も選手たちに〝夏に向けて頑張っていこう〟と言えたからまだ良かったんです。でも、夏の大会が中止になった時には、選手たちにかける言葉がありませんでした」

もう一度自分を見つめ直して

髙橋自身、最初は目標がなくなり、どこに向かって何をすればいいのか分からなかった。救いとなったのは交流試合の開催決定の知らせだった。春のセンバツに出場が決まっていた32校への救済措置として、甲子園で1試合ずつを行うことになったのだ。また、各都道府県で独自大会が開催されたことも、全国の球児たちのモチベーションとなった。

「高橋監督から〝せっかくここまで頑張ってきたのに、このまま終わるのはもったいないんじゃないか〟というようなことを言っていただいた時に、本当にそうだなと思いました。目指していた全国制覇はできなくなったけれど、まずは愛知県の独自大会で優勝して、甲子園での試合で勝って終わろうと。そこでチームがまた同じ方向に向けたように思います」

コロナ禍でグラウンドでの練習ができない間、高橋は自分自身の体を見つめ直すところから始めた。フィジカル強化を図ろうと、トレーニングだけでなく、食事も見直した。1日8食にし、おにぎりや鶏肉などで炭水化物とたんぱく質をバランスよく摂取しながら、プロテインの量も増やした。

自宅待機の間、時間も無駄にはしなかった。睡眠はしっかりと10時間とるようにし、午前中はランニングなどをして基礎トレーニングに費やし、午後は兄や近くに住むチームメートとキャッチボールなど、ソーシャルディスタンスを保ちながら工夫をしてボールを使った練習に取り組んだ。その結果、活動自粛期間を終えた6月、久々の対外試合で髙橋は153キロをマークしてみせた。

愛知県の独自大会、4回戦の栄徳高戦、1点ビハインドの4回途中から救援した髙橋は、ここでも150キロ台を連発。さらに準々決勝の至学館高戦では154キロをマークし、5安打1失点完投。準決勝で愛知黎明高に10対1と圧勝した中京大中京高は、決勝では愛産大工高に1対0で競り勝ち、優勝。8回から救援した髙橋は最終回にも自己最速の154キロをマークするなどして打者6人を無安打4奪三振に仕留めた。

コロナ禍の中でも髙橋らチームがモチベーションを保てたのには、お互いの存在があったと高橋監督は語る。

「中山礼都（巨人）や西村友哉（法大）など、宏斗の学年には高い能力を兼ね備え、強いこだわりを持って野球をしている選手が多かったんです。高校卒業後も野球を続けて、上のレベルを目指そうという向上心がある選手が多い学年だったので、宏斗も自然と〝自分も負けていられない〟というライバル意識があったと思います。そういう意味ではチームメートにも恵まれたように思います」

あこがれの聖地へ

そして独自大会決勝から中1日で迎えた8月12日、中京大中京高は会場を甲子園に移し、交流試合に臨んだ。勝っても負けても、高橋にとって高校野球最後の一戦だった。甲子園常連の智弁学園高（奈良）と相手に不足はなかった。先発した高橋は、初めての甲子園のマウンドに高ぶる気持ちを抑え切れず、最初から飛ばした。

「球場がすごく広く感じましたし、〝これが甲子園なんだ〟と実感が湧きました。観客はいませんでしたが、家族やベンチに入れなかったチームメートが応援しながら見てくれていたので、エースとしての責任をしっかりと果たそうと思ってマウンドに上がりました」

▲たゆまぬ努力で高校生ナンバーワン投手に大きく成長。プロ注目の存在となった

最初に主導権を握ったのは、中京大中京高だった。智弁学園高の2年生エース・西村王雅に1回裏に4安打を浴びせて3点を先制した。投げては高橋が3回まで無失点に抑える好投を披露。しかし4回表、制球が乱れたのを突かれ、押し出し四球、さらには投手・西村の2点タイムリーで、同点とされた。

4回以降は手に汗握る投手戦となり、お互いに一歩も譲らずゼロ行進が続いた。9回裏、高橋はこの日最速となる153キロを計測するなど、相手打線を翻ろうした。一方、中京大中京高打線は、真っすぐの球速こそ130キロ台ながらキレのあるカットボールを織り交ぜたピッチングの相手の2年生エースを打ちあぐね、追加点を奪えずにいた。結局、3対3のまま9回では決着がつかず、試合は延長戦に突入した。

するとタイブレークで行われた10回裏、中京大中京高は無死満塁と絶好のチャンスをつかんだ。次打者の打球は内野へのフライとなった。これを二塁手が落球したが、インフィールドフライとされ、打者はアウトに。しかし、そのままプレーが継続され、落球したボールが転がっている間に三塁走者がホームイン。中京大中京高の劇的なサヨナラ勝ちとなった。高橋は149球を投げ切り、5安打3失点で完投勝利。チームの目標としていた「無敗」で有終の美を飾った。

「あの時のピッチングは僕だけの力じゃなくて、チームが一丸となって戦ったからこそでした。だから試合後も感謝の気持ちが一番にありました」

そして、この一戦で自信を得た髙橋は本気でプロを目指すことを決意した。最後は想定外のことばかりが続いた高校野球だったが、3年間を振り返り、こう語る。

「野球の技術もレベルアップしたという実感がありますし、一人の人間としてもちゃらんぽらんな性格だった中学生の時からは、ずいぶんと成長できたんじゃないかなと思います。入学前はほかの人のことを考えて行動するということがなくて、服も脱いだら脱ぎっぱなしでしたし、トイレのスリッパを出る時に並べるとか、落ちているゴミをわざわざ拾うなんてことはしなかった。でも、掃除の大切さだったり、人を思いやる気持ちは、高校時代にかなり身につけられたと思います。普段の言動が野球につながることも実感することができました」

プロの第一線で活躍する今も、大事にしていることはたくさんある。

▲コロナ禍に襲われた高校時代。悔しさも抱えながら、それでも野球への情熱が消えることは決してなかった

「野球でも高校時代に築いた基礎があっての今だと思っていますし、挨拶や礼儀という人間性の部分で高校時代に学んだことが今、生かされているなと。これからの人生にもきっと役立つと思っています」

多くの刺激を受けたWBC

２０２３年3月のWBCには、チーム最年少の20歳で侍ジャパン入りし、アメリカとの決勝では3対1とリードして迎えた5回裏、3番手で救援。ランナーを出したものの、無失点で切り抜け、３大会ぶりの〝世界一〟に貢献した。

そんな教え子の活躍に、高橋監督はこう語る。

「もう私が宏斗に教えることなんて何もありませ

ん。私の想像をはるかに超えて、しっかりと成長を遂げていると思います。おこがましいことを言えば、これからも人としての本質的な部分は変わらずに、頑張ってほしいと思います」

日米のトップ選手たちが集結したWBCではさまざまな学びがあったという髙橋だが、中でも最も強く印象に残っているのは、それまで打率1割台と大スランプに陥りながら、準決勝で逆転サヨナラ勝利を呼び起こすタイムリー二塁打を放った村上宗隆（東京ヤクルトスワローズ）の姿だった。

「みんなすごい選手ばかりなのに、一人ひとりが課題に向き合い、細かく修正したり調整したりしていて、見習うところばかりでした。中でも村上さんは、宿舎が隣の部屋だったということもあって、印象に残っています。村上さんの部屋の前にはいつもバットが置かれていました。部屋の中からはスイングの音が聞こえてきていましたし、おそらくバットの感触を細かく確かめるためだったのだと思います。そのバットの本数が最初は2本くらいだったのが、東京ラウンドの最後のほうには15本くらいのバットが部屋の前に並んでいたんです。それだけ少しでも調子を上げるきっかけをつかもうと必死だったのだと思います。そういう裏側の努力があって、あのメキシコ戦でのタイムリーがあったと思うので、やっぱり結果は偶然に出るものではなくて、努力の成果なんだなと。自分も、もっともっと頑張らないといけないと思いました」

努力の先に、高橋が必ず成し遂げたいのは、高校時代に甲子園という舞台では実現させることができなかった〝日本一達成〟。また、幼少時代にあこがれた「常勝ドラゴンズ」復活に全力を捧げるつもりだ。

▲コロナ禍で無観客ではあったが、あこがれの甲子園のマウンドにも立った

髙橋宏斗にとって「高校野球」とは?

「挨拶や礼儀という人間性の部分で
高校時代に学んだことが今、生かされているなと。
これからの人生にも
きっと役立つと思っています」

▶中京大中京高時代の主な戦績

2019年秋　愛知大会	2回戦	東邦	○	7-0	
	3回戦	愛知	○	3-2	
	準々決勝	岡崎学園	○	10-1	
	準決勝	豊橋中央	○	12-0	
	決勝	愛工大名電	○	5-0	
2019年秋　東海大会	準々決勝	津商	○	7-0	
	準決勝	藤枝明誠	○	12-5	
	決勝	県岐阜商	○	9-6	
2019年秋　明治神宮大会	準々決勝	明徳義塾	○	8-0	完封 (7回コールド)7回4安打10三振1四死球0失点0自責点
	準決勝	天理	○	10-9	完了　4回4安打6三振1四死球3失点3自責点
	決勝	健大高崎	○	4-3	完了　4回0安打0三振1四死球0失点0自責点
2020年夏　夏季愛知大会	1回戦	名南工	○	7-0	
	2回戦	惟信	○	7-0	
	3回戦	富田	○	15-2	
	4回戦	栄徳	○	5-1	
	5回戦	中部大春日丘	○	6-2	
	準々決勝	至学館	○	4-1	
	準決勝	愛知黎明	○	10-1	
	決勝	愛産大工	○	1-0	
2020年夏　甲子園交流試合		智弁学園	○	4-3	完投　10回5安打11三振6四死球3失点3自責点

※新型コロナ感染拡大の影響により2020年春の選抜大会、夏の全国選手権大会中止。
2020年夏は愛知県独自大会、甲子園交流試合に参加

甲子園に出場した選手は学年に関係なく、出場年の地方大会、地区大会の戦績から掲載。

未出場の選手は最終学年の秋・春・夏の戦績。個人成績は甲子園出場時の成績のみを掲載

PROFILE

たかはし・ひろと● 2002年8月9日生まれ。186cm 86g。右投右打。中京大中京高時代の2年秋にはエースとして明治神宮大会で優勝するも、翌春のセンバツ、夏の選手権大会はコロナ禍で中止になり、出場できず。20年秋に行われたドラフト会議で中日ドラゴンズから1位指名。ルーキーイヤーは二軍で研さんを積んで、14試合に登板して0勝5敗で防御率は7.01。2年目は開幕から先発ローテーション入りを果たし、登板間隔を空けながらも一軍完走を果たして6勝。球団の日本人選手最速の158㌔をマークした。23年のWBCでは中日から唯一メンバーに選出され、侍ジャパンの世界一に貢献した。

青春ストーリー6

中村悠平

［福井商高－東京ヤクルトスワローズ］

悔いなく突き進む
真っすぐな野球人生

2021年には日本シリーズでMVPに輝き、東京ヤクルトスワローズの20年ぶり6回目の日本一に大きく貢献した中村悠平。今や球界を代表するキャッチャーとなった彼の実力の高さは、背番号にも表れている。

長年、球界を代表する名捕手として活躍した古田敦也氏が背負った背番号「27」は球団の準永久欠番とされていた。その「27」のナンバーを22年シーズンから背負っているのが中村なのだ。

23年3月の第5回ワールド・ベースボール・クラシック（WBC）ではプロ野球ファン以外の人にも、彼の顔と名前は広く知れ渡ったことだろう。キャッチャーとしては侍ジャパンの扇の要として、4試合でスタメンマスクをかぶり、各球団のエースを豊富な経験に裏打ちされた好リードで支えた。

打っては、7打数3安打1打点、打率・429。選球眼の良さも随所で発揮して4四球と、大会を通じての出塁率は・636を誇った。そんな中村の野球人生の大事な下積み時代となったのが、仲間とともに汗を流した高校野球だった。大きな挫折を乗り越え、それでも目標に向かって努力することをやめなかった忘れられない3年間。それが現在の中村のベースとなっている。

世界一に輝いた侍ジャパンのメンバーにも名を連ねた男の、知られざる原風景を辿ってみたい。

キャッチャーの面白さと醍醐味

中村の野球人生は、草野球をしていた父親とのキャッチボールから始まった。小学生の時には毎週のように土、日は父親の試合を見に行くようになり、遊びと言えば福井県大野市の自宅近くに広がる田んぼでの〝野球ごっこ〟。ボールを投げることも、打って走ることも大好きだった中村は、次第に少年野球チームに入ってやりたいと思うようになっていた。しかし、なかなか自分からは言い出すことができずにいた。そうこうしているうちに、中村はサッカーにも興味を抱き始めていた。そんな中、決め手となったのが、友だちからの誘いだった。

「一緒に入ろう」

そう言われたのは、野球のほうだった。中村の気持ちは固まり、小学5年生の時に「下庄ファイターズ」に入団。野球人生がスタートした。ひとまずすべてのポジションを経験した中村が、最も楽しいと感じたのがピッチャーだった。やりたいと思ったが、いざ投げてみるとまったくストライクが入らない。早々に候補から外されてしまった。

ただ、当時からチームの中でも肩の強さは秀でていた。そこで監督やコーチから勧められたのが、キャッチャーだった。中村自身、ピッチャーの次に興味を感じていたのがキャッチャーだった。いつ打球が飛んでくるか分からないほかの内外野とは異なり、ピッチャーと同じように捕ったり投げたりと常にボールに関われる唯一のポジションだったからだった。防具の付け外しは少し面倒にも思えたが、キャッチャーをやることに迷いはなかった。やり始めると、さらに面白さを感じるようになった中村は、それ以降、キャッチャー一筋の野球人生を送ることになる。

小学校卒業後は、通った大野市立陽明中学校の軟式野球部に所属した。このころにはすでに打者の心理を読んで配球を考えることに楽しさを感じていた。特に打者の裏をついて奪う見逃し三振に快感を覚え、それが何よりの醍醐味に感じていた。

３年生の時には福井県内の優秀な選手を選抜して結成された「福井クラブ」のメンバーに抜擢。全日本少年軟式野球大会に「六番・キャッチャー」としてスタメンで出場した。

同大会には、同じように後にプロの第一線で活躍する則本昂大（東北楽天ゴールデンイーグルス）が滋賀県選抜チーム「彦根クラブ」、今村猛（元・広島東洋カープ）が長崎県選抜チーム「小佐々中クラブ」で出場していた。中村たち福井クラブが1回戦で敗れた相手、岡山県選抜チームの「岡山クラブ」にも1学年下の岡大海（千葉ロッテマリーンズ）が2年生の控え投手としてメンバー入りしていた。そんな全国レベルの舞台での経験が、中村の意識を変えた。

「全国にはうまい選手がこんなにもたくさんいるんだということをそこで痛感して、自分ももっと練習しなければと思いました。と同時に、こういう上のレベルで野球をやりたいなという気持ちが芽生えた。この大会をきっかけにプロ野球選手になることが将来の目標になりました」

県内随一の名門へ

そんな中村が進学先に決めたのは、福井商高だった。１９０８年創立の県立校で、

1922年創部の野球部は県内随一の名門として知られている。中村の1年後輩で後にバッテリーを組んだ竹澤佳汰氏は、当時の野球少年たちにとって福井商高の存在がいかに大きかったかをこう語る。

「僕たちの世代で野球をやっている中学生は、みんな福井商に入って甲子園を目指したいとあこがれを持っていました。公立高校なので、ほかの私立みたいに県外から選手を獲るようなことは一切なく、部員は全員県内出身。勉強もしっかりやりながら甲子園の常連校という存在だったことが、県民にとっての誇りでもありました」

中村が入学する2006年以前、福井商高は春夏合わせて県内最多の33回（春17回、夏16回）の甲子園出場を果たし、1978年春のセンバツでは準優勝、96年夏、02年春にはベスト4と全国でも有数の強豪校として知られていた。また前年の05年には春夏連続出場と、まさに県内では無敵を誇り、「勝って当然」という存在だった。中村もそんな福井商高にあこがれた一人だった。

「中学3年の時に進路を考える中で、将来はプロ野球選手になるという目標があったので、しっかりと自分をアピールできる高校に行きたいと思っていました。だから県内の強豪校に行って、プロに行くためにはそこでレギュラーを取って活躍するくらいではないとダメだなという考えがあったんです。そういう意味で福井商はとても強かったので、甲子園に行けるかもしれないと。甲子園に行けば、見てもらえるんじゃないかなと思っていました」

中村にとって、夢を叶えるためには福井商高一択だった。

中村が生まれ育った家は、県内北部にある700年以上の歴史を持つ永平寺の近くにあった。福井商高へは、そこから電車を乗り継ぎ、片道1時間。通うこともできたが、少しでも野球に時間を使いたいと中村は学校の近くに下宿をした。

ただ野球部は上下関係が厳しく、部員は各学年約30人、全体で90人ほどと多かったため、1年生が練習できる時間は限られていた。中村には不安しかなかった。

「軟式出身の僕にとっては、硬式のボールに慣れるのも大変でした。それこそバッティングに関しては、どうやって打てばいいのか分かりませんでした。公立校だったので、練習はしっかりと授業を終えてからの限られた時間しかなくて、〝こんなに大勢の部員がいる中、自分の練習する時間はあるのかな〟という不安もありました」

それでも練習や研究に人一倍熱心だった中村は、練習中に気づいたことはすぐにメモを取るようにし、夕食の時にはプロ野球の中継を見て配球やリードを勉強するなど、時間を無駄にしなかった。

中村が1年の夏、福井商高は福井大会で優勝し、2年連続17回目の夏の甲子園出場を決めた。甲子園では初戦で福岡高（富山）に8対1で快勝すると、2回戦では清峰高（長崎）に7対6。9回に3ランなどで一挙4点の猛攻にあったが、エースの池本大輔がなんとか踏ん張り、逃げ切った。しかし、続く3回戦では〝ハンカチ王子〟で人気を博し、同大会で優勝投手となった斎藤佑樹（元・北海道日本ハムファイターズ）擁する早実（西東京）に1対7で敗れた。中村はアルプススタンドで応援しながら、その試合を見つめていた。

「次こそは、必ずこの舞台に上がるんだ」

強い決心を胸に、中村は甲子園を後にした。

秋になると、福井商高では毎年恒例の沖縄合宿が行われた。1週間ほどの滞在期間中、毎朝5時に起床してストレッチから始まり、朝食を食べ終わると、8時から練習が開始された。途中昼食を挟んで、日没まで行われた練習は日によってメニューが変わり、1日中ノックを受ける日もあれば、バッティング練習の日もあった。

「僕はゴロを捕るのが苦手で、いろいろなポジションでノックを受けましたが、結構苦労しました。さらにバッティングの日はそれこそ1日中バットを振るんです。沖縄での合宿が、1年で一番きつかった思い出があります」

胸に響いた監督からの言葉

その秋、中村は1年生ながらレギュラー入りを果たした。「バッテリーを中心に守り勝つ野球」をモットーとしていた福井商高にとって、キャッチャーは最重要ポジション。中村には「キャッチャーで勝敗が決まる」というプレッシャーが常につきまとい、一時は食事も喉を通らなかった。

「試合に出るたびに監督さんにもいつもこっぴどく叱られ、挫折を味わいました。今思えば、それだけ自分に期待してくれていたからこそだったと思いますが、当時はそんなふうに思う余裕はなくて、叱られるのが嫌で初めて〝野球をやりたくない〟とさえ思ったこともありました。それでも〝なにくそ〟と思って頑張りました。北野尚文監督（当時）にはよく〝野球の技術と同時に、人間性も磨いていかないといけない〟と言われていたので、ここで腐らずに踏ん張らないといけないと思っていたんです」

重圧を乗り越えるためには、練習するしかなかった。また当時は体の線が細かった中村は、食事量を増やし、フィジカル強化にも努めた。

2年生になるころには、すっかりチームの中心的存在となり、まさに大黒柱の役割を果たすようになっていた。当時入学したばかりの竹澤にとって、そんな中村の存在は間違いなく大きかった。6月ごろから登板の機会を与えられ、夏の大会にも背番号17でメンバー入りした竹澤は、「中村さんの強気なリードに引っ張ってもらっていた」と当時を振り返る。

「監督さんには野球のセオリーである〝アウトロー〟の重要性を言われていて、打者を打ち取れるかどうかは、その球次第だぞと。ただ、もちろんアウトロー一辺倒では、相手も見極めてくるし、少しでも甘く入れば打たれてしまいます。でも中村さんはアウトローを念頭に置きながら、インコースもうまく使った強気のリードで僕ら投手陣を引っ張ってくれました。それと肩が強かったので、ランナーを出しても走られる心配がありませんでした。中村さんがキャッチャーを務めた試合では、一度も走られていないと思います。だから僕は中村さんを信じて、ミット目がけて思い切り投げるだけで良かったんです」

迎えた福井大会。福井商高は初戦（2回戦）で勝山高に10対3と投打で圧倒し、7回コールド勝ちすると、準々決勝も大野高に9対1と快勝した。続く準決勝では敦賀高と対戦した。1回表に2点、2回表に3点と序盤で大量リードを奪った福井商高だったが、6回裏に一挙4点を失い、1点差に迫られた。さらに8回裏には2失点を喫し、5対6と逆転を許してしまった。それでも地力を見せ、9回表に2点を奪って再び勝ち越しに成功すると、その裏をゼロに抑え、7対6で競り勝った。

3年連続での甲子園出場まであと1勝と迫り、臨んだ決勝の相手は福井工大福井高。

4回表を終えてお互いに無得点と序盤はゼロ行進が続いた。均衡が破れたのは4回裏、福井商高が中村の値千金のタイムリーで1点を先制した。その直後の5回表には同点に追いつかれたが、6回裏には犠牲フライで再び1点を勝ち越すと、7回裏にも1点を挙げて3対1とリードを奪った。そして9回表には二死満塁のピンチをしのぎ切り、18回目となる夏の甲子園出場を決めた。

佐賀北高戦で学んだ教訓

8月8日、第89回全国高校野球選手権が開幕。開会式直後の第1試合に登場した福井商高は、7年ぶり2回目の出場となった佐賀北高（佐賀）と対戦した。スリークォーターから丁寧にコーナーを突く佐賀北高のサウスポー・馬場将史に福井商高打線は苦戦を強いられた。なかなか攻撃の糸口をつかめずにいると、3回表、佐賀北高は内野安打と四球で二死一、二塁とし、先制のタイムリー。なおも一、三塁とするも、福井商高が磨き上げてきた強固な守備で三塁走者の本塁への盗塁を阻止し、追加点を許さなかった。

しかし、その後も福井商高はゼロ行進が続いた。7回裏には一死一、二塁と一打同点

▲チームの要として甲子園でも存在感を発揮した

のチャンスをつかんだが、馬場から久保貴大へという佐賀北高が勝ちパターンとしていた投手リレーでかわされた。8回裏も得点チャンスを逃した福井商高は、結局、佐賀北高の5安打を上回る8安打をマークしながらも無得点に終わり、0対2で初戦敗退。あまりにもあっけない幕切れとなった。

「今振り返ると、甲子園出場2回目で初勝利を目指していた佐賀北に対して、僕らは〝勝てるだろう〟という油断があったのだと思います」

中村は、この敗戦でどんな相手に対しても気持ちを引き締めてかからなければいけないこと。そしてデータを分析するなど、万全の準備をして試合に臨むことの重要性を改めて感じていた。

そして自分の力はまだ全国レベルに達していないことも痛感していた。

「開幕戦ということもあって、試合が始まってもずっと緊張しっぱなしでした。相手打者が振り逃げ三振の時にはファーストに暴投したりと、甲子園でアピールするどころか、いつもどおりのプレーがまったくできずに終わってしまいました」

試合後、宿舎に戻り、最後のミーティングが開かれた。中村はチームメートの前で北野監督にこう言われた。「中村、これで自分の実力がよく分かっただろう」。それは期待しているからこその檄だったが、当時の中村は悔しさと、情けなさとでいっぱいになり、人目もはばからずに泣きじゃくった。

「もっとレベルアップして、甲子園に戻ってくる」

初めての甲子園は、中村の意識を変えた。

一方、福井商高との試合で悲願だった甲子園初勝利を挙げた佐賀北高は、その後も次々と強豪校を破り〝がばい旋風〟を巻き起こした。ついに決勝では春優勝3回を誇る名門・広陵高（広島）に4点差を追う終盤の8回に満塁ホームランなどで一挙5点を奪って逆転。劇的勝利で初優勝に輝いた。福井商高はその軌跡の最初の相手だった。

プロ野球選手になるために

プロを目指して福井商高を選択した中村にとって、最終学年として臨む1年間は人生に関わる勝負の時でもあった。

「3年生で甲子園に出て、活躍しなければプロにはなれない」

中村は常に自分自身にプレッシャーをかけていた。精神的にも体力的にもきつかったが、週末に行われた練習試合もほぼすべての試合でマスクをかぶった。それだけ北野監督からの期待も大きかったことは間違いなかった。

まずは春のセンバツを目指して臨んだ秋季大会、福井商高は全5試合中3試合で完封勝利と圧倒的な強さで優勝した。しかし、北信越大会では初戦こそ大聖寺高（石川）に10対0で圧勝したが、2回戦では長野日大高（長野）に0対1で惜敗。3年ぶりのセンバツ出場とはならなかった。

翌年の春季大会は優勝候補の筆頭に挙げられていたが、準々決勝で大野高に4対5で敗れ、ベスト8。常勝チームには物足りない結果となった。

ただ、中村自身は最後の夏に向けて調子が上がっていた。中でも大きな自信となったのが、夏前に行われた愛工大名電高（愛知）と今治西高（愛媛）との3校による交流試合での一戦だった。

「会場となった愛工大名電のグラウンドには結構、大勢のプロのスカウトも見にきていました。そんな中で行われた今治西との試合で、僕がホームランを打ったんです。ダイヤモンドを一周してベンチに戻ってきたら、いつもはあまり喜んだりほめたりしない北野監督がすごく喜んでくれていたのが印象的でした。プロのスカウトの前で結果を残したというのが大きかったのかもしれません。そしたら監督が〝中村、次の打席でもう一発打ったら、お前本物だぞ〟と。それで本当に次の打席もホームランを打ったんです。そしたら、監督さんが手放しで喜んでくれて〝中村、お前本物になったな！〟と言ってくれました。その言葉は今でも鮮明に覚えています。それまでは肩の強いキャッチャーという感じで、バッティングにはそれほど自信はなかったのですが、やっと監督にも認めてもらえたのかなという気がして、うれしかったですね」

迎えた夏の福井大会、初戦の丹南高戦は予想外に苦戦を強いられた。4回表を終えて0対0。ようやく福井商高に先取点が入ったのは4回裏だった。しかし、相手エースからなかなか追加点を奪えずに、試合は終盤に入った。7回裏、ようやく1点を追加したが、その直後の8回表に1点を返され、福井商高のリードはわずか1点。結局、3人の投手リレーで逃げ切った福井商高が2対1で勝利したが、4年連続甲子園出場に暗雲が立ち込める厳しいスタートとなった。

しかし、かえってこれでチームの士気が高まった。2回戦は鯖江高に9対3で快勝すると、準々決勝は若狭高に11対3で7回コールド勝ちを収めた。続く準決勝の相手は、1990年代から台頭し、2回目の甲子園出場となった95年夏にはベスト4に進出した敦賀気比高だった。後にプロ入りする2年生エースの山田修義（オリックス・バファローズ）を擁し、その年の春にはセンバツに出場と、夏も優勝候補の筆頭に挙げられていた。

この年、福井商高の3年生には辻岡紘太郎と三箇優志という2人の主戦ピッチャーがいたが、辻岡は準々決勝で初めて先発したものの夏の大会前にケガを負い、万全のコンディションではなかった。そして1、2回戦で先発していた三箇はちょうど制球難に苦しんでいた時期だった。そのため、敦賀気比高との大一番に先発に抜擢されたのは、2年生左腕の竹澤だった。竹澤は2回戦でコントロールが定まらない三箇を初回で救援し、9回まで投げて勝利を呼び込むなど、結果を残していた。北野監督は、その竹澤に準決勝、決勝を任せることを決断。竹澤、中村のバッテリーにもそう伝えていた。

「練習試合では先発も経験していましたが、福井大会ではずっとリリーフで、敦賀気比との準決勝が自分にとって初先発だったので緊張しました。でも、中村さんに試合前に〝相手ピッチャーも同じ2年生。負けるものかという気持ちで、どんどん思い切り投げてこい！〟と言ってもらえたので、強気の姿勢で臨むことができました」

竹澤と中村のバッテリーは初回にいきなり先取点を許したものの、2回以降は準々決勝までの全3試合で平均8得点を叩き出していた敦賀気比高の強力打線をゼロに封じてみせた。

すると8回表、好投を続ける後輩を援護するように四番・中村が二塁打を放ち、反撃ののろしを上げた。そして、この主砲の一打が、それまで攻撃の糸口を見つけられずにいた打線の起爆剤となり、この回一挙5点を奪って逆転。8、9回を竹澤が無失点に抑え、5対1で勝利を収めた福井商高が決勝進出を決めた。

投手戦の様相を呈した準決勝とは異なり、16年ぶりに決勝に進出した北陸高との決勝は一転、初回で勝負が決したワンサイドゲームとなった。この試合でも打線をけん引したのは、中村だった。

1回表、一死二、三塁から中村の走者一掃のタイムリー三塁打で先制したのを皮切りに、打者17人の猛攻で11得点。さらに3回表にも6点を加えるなどして全員安打を達成した。投げては序盤に大きな援護をもらった先発の竹澤が2失点に抑え、準決勝に続く完投。投打で圧倒した福井商高が19対2で圧勝し、4年連続19回目となる夏の切符をつかんだ。ちなみに決勝での2ケタ得点は11得点だった01年以来7年ぶり5回目。19得点は同校にとって決勝の最多得点だった。

後輩とのバッテリー

8月2日に開幕した第90回全国高校野球選手権大会。福井商高は大会7日目第2試合で、3年ぶり8回目の甲子園となった酒田南高（山形）と対戦した。先発を任されたのは、福井大会での活躍が認められ、背番号も10から1に昇格した竹澤だった。そのころには竹澤と中村のバッテリーは直接言葉を交わさなくても、アイコンタクトで意思疎通が図れるようになっていた。竹澤は、先輩の中村を心の底から信頼していた。

「福井大会の前くらいから練習試合でもよくバッテリーを組んでいました。中村さんは1年生の夏からマスクをかぶっていて経験もありましたし、性格的にも熱い方でリーダーシップがある先輩。その中村さんから〝俺を信じて、ミット目がけて思い切り投げてこい！〟と言ってもらうと、すごく安心して投げることができました」

竹澤には、中村との絆がより強く結ばれたと思えた試合があった。夏の大会前に行われた練習試合だ。相手は奇しくも、その年の夏の甲子園で全国制覇を成し遂げることになる強豪・大阪桐蔭高（大阪）、そして準優勝の常葉菊川高（静岡）だった。そのうちの一戦、常葉菊川高との試合に、竹澤は先発して1失点完投勝利を挙げた。それが自分自身のピッチングへの自信につながると同時に、中村とのバッテリー間での信頼関係がより深まった気がしたのだ。

「そのころから、中村さんとは言葉を交わさなくても、僕が投げたいと思っているボールと、中村さんのサインがピタリと合うようになっていました。だから甲子園でも、いつもどおりに投げることができた。すべて中村さんがいたからこそでした」

攻守にわたってチームの中心となっていた中村。2回目の甲子園ということもあって過度な緊張はなく、初戦から試合に集中していた。イニングの頭には必ずマウンドに足を運び、竹澤に声をかけた。それが2年生エースに安心感を与えていたことは間違いなかった。初回に味方打線が2点を先制したことで気持ちを楽にして投げられたという竹澤は、6回一死まで酒田南高打線を無安打に抑える好投を披露。6回に1失点を喫したものの、7回以降は中村のリードに引っ張ってもらいながら、追加点を許さなかった。一方、福井商高打線は終盤にダメ押しとなる追加点を奪ってリードを広げ、6対1。2年生サウスポー同士の投げ合いを制し、前年には叶わなかった1勝を手にした。

「四番・キャッチャー」として出場した中村は二塁打を含む2安打を放ち、キャッチャーとしてもセカンドまでの送球では2秒未満の強肩を披露するなど、アピールした。

2回戦は大会11日目の8月12日、第3試合で仙台育英高（宮城）と対戦した。仙台育英高には、中村と同じく翌年に高卒でプロ入りする橋本到（現・巨人二軍外野守備兼打撃コーチ）がいた。菰野高（三重）との初戦では、一番打者の橋本が好投手とされた西勇輝（阪神タイガース）から5打数5安打と猛打を振るっていた。

その橋本が初回、いきなり二塁打を放った。これが起爆剤となり、仙台育英高がこの回2点を先制した。一方の福井商高もバントを絡めた手堅い攻撃で2、3回には1点ずつ、そして5回には2点を挙げた。しかし、いずれもその直後に仙台育英高が加点し、福井商高の反撃をかわした。

この試合も先発マウンドに上がった竹澤だったが、思うようなピッチングができずに苦しんだ。

「1回戦で投げている時は、まったく疲れを感じていなくて、それこそあっという間に試合が終わり、気づけば完投していたという感じでした。アドレナリンが出ていたと思いますし、中村さんがいてくれたおかげで余計なことを考えることなく集中できていたので疲れを感じなかったのだと思います。ただ、翌朝起きた時にはものすごい疲労感がありました。やっぱり甲子園の独特な雰囲気の中での登板は、無意識に気持ち的にも体力的にも負担は大きかったのだと思います。最初の2、3日は練習でもまともに投げられない状態でした。日が経つにつれて少しずつ回復して、なんとか投げられる状態で2回戦を迎えていました。でも、いざ投げてみると、調子が上がりませんでした」

そんな竹澤を中村はリードで引き上げようとしたが、仙台育英高打線の勢いを止めることができなかった。竹澤は3回途中で降板。その後、3投手が継投し、1年生の長谷川陽亮が好投するなど6回以降は無失点に抑えた。ただ、福井商高打線も5回途中から救援した1年生サウスポーの木村謙吾を攻略できなかった。4対6で敗れ、2年ぶりの16強入りとはならなかった。そして中村の高校野球も幕を閉じた。

「高校3年間は本当にあっという間で、終わってしまったのはやっぱり寂しいなと思いました。ただ、ずっとプロを目指してやっていたので〝ここからだ〟という気持ちもありました。振り返ると野球のこと以上に、人間性を鍛えるという部分においても、高校

▲打撃でも非凡な才能を発揮。大舞台でも抜群の勝負強さを見せた

3年間はとても大事な下積み時代でした。何も分からないところから、北野監督には本当にたくさんのことを教えていただいた。今も感謝の気持ちしかないです」

プロの第一線で活躍する今も、中村にはふと思い出す言葉がある。

「北野監督からよく言われていました。『人間性を磨けば磨くほど、野球も上達する』と。
それは今も自分の中で大事にしています」

後輩の竹澤は、3年生が引退後に改めて中村の存在の大きさを知った。

「先輩たちがいなくなって、今度は唯一、下級生でレギュラーだった僕がチームをまとめなければいけなくなりました。その時に北野監督から『時にはチームメートを注意したりと自分が嫌われ役になる覚悟も必要だぞ。これまで先輩たちはそうやってお前たちを引っ張ってきてくれたんだ。特に中村は率先してやってくれていた』と。その時に初めて〝あぁ、そうだったんだ〟と分かりました。中村さんたち先輩にしてもらったことを、今度は自分がやらなければいけないと覚悟を決めたんです」

WBCで改めて感じた「野球の楽しさ」

2023年3月のWBCでは主戦としてマスクを被り、3大会ぶりとなる侍ジャパンの世界一に大きく貢献したことは記憶に新しい。日米で活躍する投手たちのボールを受け続けた中村だが、中でもアメリカとの決勝、大谷翔平（ロサンゼルス・エンゼルス）と初めてバッテリーを組んだ最終回の歴史的瞬間は、今後も語り継がれることは間違いない。

「思えば、ちょうど僕が高校に入る時に第1回のWBC（06年3月）が開催されたんですよね。その時はプロのすごい選手たちが集まって世界一を達成した姿にただただ〝すげぇな。日本が世界一になっちゃったよ!〟と思いながら、一人の野球ファンとして見ていました。まさか自分がその中に入って、しかも世界一になれるなんて、当時はまったく想像していなかったです」

もともとメジャーリーグも好きでよく見ていたという中村にとって、WBCはまさに〝夢の世界〟だった。その世界の頂点にまで上り詰めた今回のWBCで、中村が一番に感じたことは「野球が楽しい」ということ。そんな中村は、子どもたちや高校球児にこんなメッセージを残してくれた。

「高校で甲子園を目指す人、プロ野球を目指して高校に入る人、いろいろな目標を持って高校生活を送ると思いますが、とにかくみんなに言いたいことは、野球を楽しんでほしいということ。僕なんかが言うのはおこがましいかもしれないけれど、今回のWBCの経験で思ったのは、もともとはみんな好きで楽しくて野球を始めたと思うんです。でもだんだんと勝つことだったり、甲子園に行くことばかりになってしまう。もちろんそれも絶対に必要です。ただ根底には野球が好きで楽しむということがあってほしいなと。それがあるからこそ、最後の夏を終えた時に〝やり切ったな〟という達成感が生まれるんじゃないかと思います」

それは高校野球もプロ野球も同じ。だからこそ中村は、これからも思い切り楽しみ、悔いのない野球人生を送るつもりだ。

中村悠平にとって「高校野球」とは?

「野球のこと以上に、
人間性を鍛えるという部分においても、
高校での3年間は
とても大事な下積み時代でした」

▶福井商高時代の主な戦績

2007年夏	選手権福井大会	2回戦	勝山	○ 10-3	
		準々決勝	大野	○ 9-1	
		準決勝	敦賀	○ 7-6	
		決勝	福井工大福井	○ 3-1	
2007年夏	全国選手権大会	1回戦	佐賀北	● 0-2	七番・捕手 3打数 0安打 0本塁打 0打点
2007年秋	福井大会	1回戦	敦賀	○ 5-4	
		2回戦	敦賀工	○ 10-0	
		準々決勝	武生	○ 8-7	
		準決勝	敦賀気比	○ 9-0	
		決勝	鯖江	○ 7-0	
2007年秋	北信越大会	1回戦	大聖寺	○ 10-0	
		2回戦	長野日大	● 0-1	
2008年春	福井大会	2回戦	敦賀	○ 7-0	
		準々決勝	大野	● 4-5	
2008年夏	選手権福井大会	1回戦	丹南	○ 2-1	
		2回戦	鯖江	○ 9-3	
		準々決勝	若狭	○ 11-3	
		準決勝	敦賀気比	○ 5-1	
		決勝	北陸	○ 19-2	
2008年夏	全国選手権大会	1回戦	酒田南	○ 6-1	四番・捕手 4打数 2安打 0本塁打 0打点
		2回戦	仙台育英	● 4-6	四番・捕手 2打数 0安打 0本塁打 1打点

甲子園に出場した選手は学年に関係なく、出場年の地方大会、地区大会の戦績から掲載。

未出場の選手は最終学年の秋・春・夏の戦績。個人成績は甲子園出場時の成績のみを掲載

PROFILE

なかむら・ゆうへい● 1990年6月17日生まれ。福井県出身。176cm 83g。右投右打。福井商高時代は強打も兼ね備えた捕手として活躍。甲子園にも2度出場を果たし、2008年秋に行われたドラフト会議で東京ヤクルトスワローズから3位指名。年を重ねるごとに成長を遂げていき、これまでにベストナイン3回（15、21、22年）、ゴールデン・グラブ賞3回（15、21、22年）と球界を代表する捕手としての地位を獲得。23年のWBCでも主戦としてマスクを被り、世界一奪還の原動力の1人になった。

青春ストーリー7

松井裕樹

［桐光学園高ー東北楽天ゴールデンイーグルス］

すい星のように現れたドクターKの鮮烈

松井裕樹が高校2年の夏に甲子園で披露した〝奪三振ショー〟は今でも高校野球ファンの語り草となっている。史上最多となる1試合22個の三振を奪った初戦を皮切りに、準々決勝までの全4試合で2ケタ奪三振をマーク。大きく曲がり落ちるスライダーは〝消える魔球〟と怖れられ、全国の強打者たちを翻ろうした。

その松井がプロ10年目の2023年4月5日、通算200セーブを達成。27歳5カ月は史上最年少記録となった。

「10年後を楽しみにしているよ」。そう言ってプロに送り出してくれたのは、桐光学園高時代の野呂雅之監督だった。その恩師から一番に学んだのは「人間性だった」と松井は語る。大きなケガもなく、順風満帆だった高校時代とは異なり、プロ入り後は紆余曲折があった。1年目から開幕一軍入りを果たし、先発陣の一角に入ったが、制球難で3連敗を喫し、5月には早くも一軍登録抹消を経験した。2年目には故障した助っ人の代わりに急遽、クローザーに転向。これがハマり、クローザーとしてのポジションを確立させていくものの、スランプに陥ったこともあった。

しかし、どんな時も野球への姿勢が変わることはない。「自分はトップの選手でも何でもない。だから結果が出なくてしんどいことがあるのは当たり前のこと」という考えがあるからだ。そんな松井の礎を築いた高校時代の足跡を辿る。

導かれるように野球の道へ

祖父も父親も野球が好きで、いつもテレビではプロ野球中継が流れていた家庭で育った松井が、野球に興味を持ったのはごく自然な流れだった。小学校に入学すると自ら「野球をやりたい」と言い、2年生になると地元の少年野球チームに入った。6年生の時には横浜ベイスターズジュニアに選出され、毎年年末の恒例となっている12球団ジュニアトーナメントにも出場した。

中学校時代は「青葉緑東リトルシニア」でプレーし、3年夏には全国大会で優勝するなど、当時から将来有望なサウスポーとして名を馳せていた。その松井に早くから注目していたのが、桐光学園高の野呂監督だった。同校野球部には青葉緑東リトルシニア出身の選手もいて、松井の存在について耳にしていたのだ。

「彼の先輩にあたる選手たちから『監督、すごくいい左ピッチャーがいるんです。素質的にもいいものを持っていますし、性格的にもなんとなくうちの野球部の雰囲気に合いそうな気がします』と聞いて、松井が中学2年生の時に練習試合を見に行ったのが最初でした。それ以降、何度か試合も見に行ったのですが、当時はまだそんなに体は大きくはありませんでした。ただ変化球の曲がりの大きさに関してはずば抜けていました。たとえ高校生でもいくら技術的な説明をしても、あんなに大きく曲がる変化球を投げられるピッチャーはそうはいないだろうなというくらいすごかった。制球力に関しては普通の中学生レベルでしたし、球速に関しても決して遅くはないものの、目立つほどではありませんでした。

それでも、まだ体ができていない中学生が、しかもまだバランスのいいフォームではないにも関わらず、これだけ大きく曲がる変化球を投げられるというのは、それだけの素質を持っている選手なんだろうなと。実際にその変化球があったからこそ、意図的にそういう配球をしていたかどうかは別としても、結果的には緩急を使ったピッチングができていました。ストライクを取りにいった球が、たとえボール球になったとしても、周りからすれば〝なんでそんなボールに手を出してしまうんだろう〟というボールを相手が振ってしまうというようなことがよくあったんです。とにかくいいピッチャーでしたし、ぜひうちにという気持ちはありました」

松井が高校時代、甲子園のスタンドをどよめかせたカーブのように大きく曲がるスライダーの原型は、中学時代にあったのだ。一方、松井自身も先輩から桐光学園高の話を聞いて興味が湧き、そこで自分も甲子園を目指したいと思うようになっていた。

「野球だけでなく、勉強もしっかりやるし、人間的な部分で成長させてもらえるということを聞いて、すごくいいなと思ったんです」

松井裕樹にしかない魅力

2011年4月、松井は桐光学園高に入学。保健体育科の教員でもある野呂監督が、副担任を務め、授業も受け持った。野球部では1年生の時からベンチ入りし、活躍していた松井だったが、普段の学校生活ではいい意味で〝普通の生徒〟だったという。

「松井の学年は3年間、副担任をしたので、保健体育の授業はもちろん、朝、夕のホームルームの時間も一緒と、彼ら野球部の生徒とは家族よりも長い時間を過ごしました。松井はごく普通の天真爛漫な生徒の一人でした。甲子園でいくら活躍しても特別扱いされることなく、クラスでは何ら変わらずに過ごしていました。そういうところが、あの学年の良さだったと思います」

そして、こう続けた。

「大事なのは、グラウンドで変われるかどうか。今の言葉で言えば、オンとオフの切り替えということになると思いますが、これは簡単そうで非常に難しい。松井の学年は、そういうことができていたからこそ、クラスでは〝普通の生徒の1人〟になれていたのだと思います」

グラウンドに足を一歩踏み入れた瞬間、選手たちは〝全国屈指の強豪校、桐光学園高野球部の部員〟の顔つきに変わった。松井もまたグラウンドでは、プロのスカウトからも注目されるサウスポーとして存在感を際立たせていた。

とはいえ、1年生のころはまだ体が出来上がっておらず、投げ方も強引さが目立っていたため、ケガのリスクを考えれば、フォームの修正が必要とされた。だが、野呂監督は急いでフォーム改善に着手するようなことはしなかった。松井にしかない魅力、秀でた部分を失わせたくはなかったからだった。

「早めにフォームを修正すれば、確かにケガのリスクは減るかもしれません。でも、それでは人にはない抜きん出た松井の才能を突出させるところまで伸ばすことができないかもしれないと思いました。だから一気に直そうとするのではなくて、1年生、2年生と精進していって、筋力や体重が増え、パワーや柔軟性がついていく中で、その時の松井に見合った投げ方をさせたいと考えていました。それこそ1年生の時は、2球に1球ストライクが入ればいいほうというくらいの制球力でしたが、球の出どころがバラバラでもそんなことは一切気にする必要はない、と言っていました」


ベンチ入りを果たした1年夏、松井はいきなり大役を任された。甲子園出場が懸かった神奈川大会決勝の先発に指名されたのだ。1年生投手の抜擢は、野呂監督にとっては特別なものではなかった。

「ほかにも1年生で決勝で投げているピッチャーはいましたから、松井だからどうということは特にありませんでした。ただその時の調子を見て決めた、というだけに過ぎません。とはいえ、1年生の松井にそれだけの精神力の強さがあったということは確かでした。普段の練習や練習試合での様子、あるいは会話の中で〝松井なら十分にいけるな〟という確信を持っていたからこその起用でした」

7月29日、横浜スタジアム。相手は全国を代表する強豪・横浜高。3年ぶり14回目の甲子園を狙っていた。その横浜高と桐光学園高は、それまで夏の神奈川大会決勝では3回対戦していたが、いずれも敗れている因縁の相手でもあった。しかも、当時の横浜高は現在プロで活躍する近藤健介（福岡ソフトバンクホークス）、乙坂智（アメリカ独立リーグ）を擁し、その年の春にはセンバツにも出場していた。

その横浜高相手に、松井は堂々のピッチングを披露。4回までわずか2安打とほぼ完璧に抑えていた。しかし、1年生ピッチャーの松井の体力を考え、野呂監督は降板させる決意をした。5回からは3年生のエース・柏原史陽がマウンドに上がった。柏原は5回に先取点を奪われたものの、6回以降は無失点に抑えた。一方、桐光学園高打線も7回表に1点を挙げるのが精一杯。試合は手に汗握る投手戦となった。

9回、両校ともに追加点を挙げることができず、1対1のまま、試合は延長戦へと入った。すると10回裏、横浜高は二死から一番・乙坂が二塁打で出塁。二番・高橋亮謙も続いて二、三塁とすると、三番・近藤は自己最速にあと1キロに迫る柏原の146キロのストレートを打ち返した。実は大会直前に右足首の靭帯を損傷し、痛み止めを飲みながらの強行出場だった近藤は準決勝まで打点ゼロに終わっていた。その近藤の初打点で、横浜高がサヨナラ勝ち。桐光学園高は4年ぶりの甲子園出場にあと一歩及ばなかった。

全国の舞台へ

松井が2年生となった12年、桐光学園高は長く、そして熱い夏を過ごした。全国屈指の激戦区である神奈川大会、桐光学園高は順当に勝ち上がり、決勝に進出。相手は3年ぶりに決勝に進出した桐蔭学園高だった。

7月29日、決戦の舞台となった横浜スタジアムには大勢の高校野球ファンが詰めかけていた。松井は前日の準決勝・日大藤沢高戦をコールド勝ちと勢いに乗っていた桐蔭学園高打線に2回表につかまり、2点を許した。だが、4回裏に味方打線が3点を奪って逆転。その後は一時同点に追いつかれるなど激しい競り合いが続いた。8回表を終えて、5対4と桐光学園高のリードはわずか1点。両校ともに一歩も譲らない壮絶な戦いが繰り広げられた。そんな中で明暗を分けたのは、8回裏。桐光学園高の打線が爆発し、一挙6点の大量得点で流れを引き寄せた。投げては松井が力投した。6回裏の打席で右足首に死球を受け、一時はベンチに下がったが、直後の7回表にはマウンドに姿を現した。そして先頭打者をいきなり三振に仕留め、チームメートやスタンドの観客を安堵させた。結局、8安打4失点ながら要所を締めた松井は151球を投げて完投。三振も15個を数えた。桐光学園高は5年ぶり4回目の甲子園出場を決めた。

準々決勝から3試合連続で完投勝利を収め、6試合46回⅓、713球を投げ抜いた松井は、エースの顔となっていた。打たせて取るよりもリスクが少ないと狙っていたという三振は68個を数え、奪三振率は13・21をマーク。決勝でサヨナラ負けを喫した前年のリベンジを果たした〝神奈川のドクターK〟は意気揚々と全国の舞台に乗り込んだ。

8月8日、第94回全国高校野球選手権大会が開幕。桐光学園高は、大会2日目の9日

◀甲子園の大舞台で輝きを放つ松井

第3試合に初戦を迎えた。対戦相手は、今治西高（愛媛）。県内屈指の進学校でありながら甲子園では過去5回、ベスト4に進出するなど言わずと知れた甲子園常連校。5年前の07年には全国で30校目となる春夏通算30勝目を挙げていた。

その今治西高が、2年生エースの松井をどう攻略するかがカギを握っていたことは誰もが分かっていた。そこで野呂監督は、こんな予測を立てていた。

「当然、神奈川県大会のデータを研究してくるだろうと。そうすると、ボール球を振って三振するというケースが多いことが分かる。相手とすれば、松井の球をしっかりと見極めることが一番の攻略法だと考えられるのではないかと思いました」

そこで試合前、松井にはこう助言を送った。「ボール球を振らせるというのではなくて、ストレートを狙われようが、変化球を狙われようが、とにかくその日ストライクを取れる球をどんどん思い切って投げなさい」。これが的中した。相手がボールを見極めようとしている間に、ストライク先行で追い込むことで主導権を握ったのだ。

この日見せた、高校野球新記録を打ち立てた〝奪三振ショー〟の前触れは、初回の最初の1球目からあったと野呂監督は振り返る。

「ものすごくキレのあるスライダーでストライクを取ったんです。そこからどんどん気持ちいいくらいにストライクが入っていったという感じでした」

1回表、一番・池内将哉、二番・中西雄大から連続で見逃し三振を奪うと、三番・笠崎遥司を四球で出した後の四番・末広朋也からは空振り三振。140キロ超のストレートと、大きく曲がり落ちるスライダーで、松井は初回から3つのアウトすべてを三振で仕留め、上々のスタートを切った。

続く2回表は五番・中内洸太、六番・東福拓朗、七番・曽我部祥太と3者連続三振で仕留め、甲子園に詰めかけた高校野球ファンをうならせた。3回に1つ、4回にも2つの三振を奪い、松井のピッチングは冴えた。一方、打線は1回裏には二死から3者連続での死球で満塁としたが、後続が倒れ、制球難に苦しむ相手投手の立ち上がりを攻め切ることができなかった。

しかし3回裏、松井と同じ2年生の四番・植草祐太のタイムリーで先制すると、4回裏にも1点を加えて、2対0。さらに試合を決定づけたのは、一発が飛び出した5回裏だった。相手のエラーとヒットで二死一、二塁とすると、4回途中でショートからマウンドに上がった中内の初球、高めのストレートを松井がフルスイングし、ライトスタンドに叩き込んだのだ。自らが打った値千金の3ランで5対0とリードを広げると、松井のピッチングはさらに勢いを加速していった。

6回表こそ、四球と九番・檜垣孝明に甲子園での初となるヒットを打たれて無死一、二塁とピンチを招いたものの、一番・池内をショートゴロに打ち取って一死を取ると、二番・中西、三番・笠崎を連続三振で仕留め、無失点に抑えた。そして7、8回は2イニング連続での3者連続三振。見極める間を与えてもらえない今治西高打線は、焦りが出てきたのだろう。回を重ねるにつれて、明らかなボール球にも手を出すようになっていた。

選手たちが口々に〝消える〟と表現するほど大きく曲がり落ちるスライダーに翻ろうされ、狐につつまれたかのように三振の山を築かれた今治西高。アルプス席も、イニングが進むにつれて困惑の空気が漂うようになっていった。

桐光学園高が7、8回に1点ずつを加えて迎えた9回表、松井は2者連続で三振を奪った。これで6回一死から10者連続三振。1926年に小川正太郎（和歌山中）が樹立した連続奪三振記録8を更新した。

続く笠崎にはヒットを打たれたものの、最後は伝家の宝刀スライダーで空振り三振。それまでの夏の甲子園での1試合の奪三振記録は、00年の浦和学院高（埼玉）の坂元弥太郎、05年の大阪桐蔭高（大阪）の辻内崇伸らが記録した19個だったが、それを上回る22個の三振を奪う快挙に、甲子園は沸いた。１３９球を投げて2安打での完封勝利を収めた2年生エースは一躍、時の人となった。

初の甲子園だったにも関わらず、初戦からこれほどまでのピッチングができたのはなぜだったのか。松井自身はこう振り返る。

「激戦区・神奈川大会を勝ち抜くのは体力的にも本当に大変でしたが、甲子園開幕までの期間ですっかり心身ともにリフレッシュできていました。それと自分たちは甲子園出場を目標にやってきていたので、逆に甲子園ではプレッシャーもなかったことが良かったのかなと。みんなで楽しく野球をやれたからこそ、初戦からあういうピッチングができたのだと思います」

確認できた自分の現在地

大会第8日目の16日、桐光学園高は2回戦で常総学院高（茨城）と対戦した。松井の投球に、常総学院高打線は4回二死まで無安打と苦戦を強いられた。この日も絶好調の松井は、1、2回に2つずつの三振を奪うと、3回表には3者連続三振。5回までで奪った三振はすでに10を数えていた。

一方、打線も2年生エースをしっかりと援護した。2回裏、相手のミスをからめた攻撃で先取点を奪うと、3回裏には六番・田中頼人のタイムリー三塁打などで2点。さらに5回裏にも2点を追加した桐光学園高は、5対0とリードを広げた。

しかし試合後半に入ると、常総学院高が松井の球をとらえ、前に飛ばすようになっていった。1回戦で伝説級の〝奪三振ショー〟を披露した2年生エースの攻略法として、常総学院高の佐々木力監督（当時）はスライダーが曲がり落ちる前の段階で球をとらえるように、という指示を出していた。選手たちはマウンドに向かってステップしながらバットを振った。これが後半に入って功を奏し、松井から6安打。6回表、二番・高島翔太は三塁打、8回表、四番・杉本智哉は二塁打と、初戦では見られなかった長打となる打球を飛ばすなど、地力の強さを見せた常総学院高打線は、松井から5点を奪った。
それでも松井は最後に底力を見せた。8回表に一挙3点を奪われ、2点差に迫られた中で迎えた9回表、六番・吉沢岳志、七番・菅原拓那と2者連続で三振を奪うと、最後は八番・田山喜一をライトフライに打ち取り、リードを守った。結局、松井はこの試合でも19個の三振を奪った。

大会11日目の19日には、浦添商高（沖縄）との3回戦に臨んだ。この日も先発のマウンドに上がった松井は、1回裏、いきなり先頭打者の東江京介にセンターにヒットを打たれたが、後続を抑えて無失点で切り抜けた。3回二死まで三振はなかったが、イニングを重ねるにつれてエンジンがかかっていった。8回裏には七番・照屋光にレフトスタンドに運ばれたものの、失点はこのソロホームランのみ。9回裏は一死一、二塁とピンチを招いたが、松井には最後にギアを上げる余力がまだ残っていた。代打の金城魁、六番・当真寿斗を連続三振で斬って取り、ゲームセット。終わってみれば、4安打12奪三振1失点。3試合連続となる2ケタ、通算53個の三振を奪う快投でチームをベスト8に導いた。

松井の好調さは、打球の飛ぶ方向にも表れていた。実は3回戦まで、一度もサードへのゴロを打たれたことがなかった。セカンドやショートへのゴロ、もしくはバットが空を切る投球は、それだけ捕手・宇川一光の要求どおりにコースをしっかりと投げ分けている証でもあった。


すい星のごとく甲子園に現れた2年生サウスポーは〝ドクターK〟の異名で知られ、その年の夏の甲子園最大の注目の的となっていた。その彼の前に立ちはだかったのが、春のセンバツで準優勝していた光星学院高（青森）だった。

準々決勝、142球を投げて完投した前日の浦添商高戦から約19時間後という過密スケジュールの中、松井は初回、先頭打者に二塁打を打たれていきなりピンチを招いた。しかしこれで気持ちが引き締まったのだろう。二番・村瀬大樹、三番・田村龍弘（千葉ロッテマリーンズ）、四番・北條史也（阪神タイガース）を3者連続三振と剛腕ぶりを披露。北條とともに大会屈指の強打者として注目を浴びていた田村にとっては青森大会から通じて初の三振。ストレートだと思って振りにいった球は、大きく曲がるスライダーだった。

松井はその後も快投が続き、初回の1本を除き、6回まで無安打。11個の三振の山を築く好投で無失点に抑えた。

しかし、桐光学園高もまた相手投手を攻略できずにいた。4回裏には3者連続三振のお株を奪われるなど、7回までヒットはわずかに2本と攻撃の糸口をつかめないままだった。

お互いにゼロ行進が続いた中、7回表には松井が甲子園で初めて連打を浴びるなど、光星学院高打線が徐々に松井の球をとらえるようになっていた。すると8回表、光星学院高は二死ながら一、三塁と再び先制のチャンスをつかんだ。迎えた打者は、前の試合まで打率5割、本塁打も1本放っていた強打者の一人、田村。この試合では1打席目の三振に続き、2打席目は内角のストレートをつまらされてセカンドゴロ、3打席目はライトライナーと松井の前に3打席連続で凡退していた。だが、3打席目のライナーはジャストミートしており、逆に松井に嫌な感触を覚えさせるものだった。

「3打席目はアウトにはなったものの、打たれた瞬間、ちょっとヒヤっとしました。そして徐々に自分のボールにアジャストしてきているなという感じがしていたんです」

そして、それは松井にとっては嫌な形で的中した。8回表の4打席目、「相手の気迫に負けないよう、思い切り引っ張ろう」と打席に入った田村は内角へのストレートにやや差し込まれながらも三遊間へ強い打球を転がした。近距離から投手の全力投球のボールを打ち返すという練習の成果だった。田村の一打は均衡を破るタイムリーとなり、ついに光星学院高のスコアボードには「1」が表示された。

「正直、まずいなと思いました」と松井は当時の心境についてこう語る。

「相手ピッチャーもとてもいいピッチングをしていて、チームはなかなか攻撃の糸口さえもつかめていない感じだったので、ここは絶対にゼロでいかなければいけないと考えていました。田村選手に対しては内角の球でなんとか詰まらせたいと思っていたのですが……。相手のほうが一枚上でした。1点以上のビハインドを負ったと思うくらい重い1点でした」

なおも二死一、二塁。疲労がピークに達していた松井は、ほとんど気持ちだけで投げていた。その松井に主砲の北條がとどめを刺すかのように、左中間への二塁打を放った。

走者一掃のタイムリーとなり、2点を追加した光星学院高が3対0とリードした。

それでも松井はドクターKとしての意地を見せるかのように、9回表、二死とすると、最後はこの試合15個目となる三振で締めくくった。そして、これが結果的には松井にとって甲子園最後の投球となった。

光星学院高のエース・金沢湧紀の前に散発3安打に抑えられた桐光学園高は無得点に終わり、甲子園から去った。


その年の秋、桐光学園高は国民体育大会に出場し、ベスト4に進出。だが、準決勝では、夏の甲子園決勝で光星学院高に3対0と完封勝ちし、春夏連続での優勝を飾った大阪桐蔭高に0対13と力の差を見せつけられた。松井は自己最速の147キロをマークし、4回を投げて3安打5奪三振としたが、夏の神奈川大会から連投が続き、甲子園後も秋季大会がすぐに控えていた。そのため蓄積した疲労が取れず、7四球と制球力が乱れた。特に2年生同士の対決で注目された三番・森友哉（オリックス・バファローズ）には2打数2安打1打点と完璧に打ち込まれるなど、6失点で降板した。それでも自分を知るいい経験だったと語る。

「甲子園でも国体でも全国レベルの強豪校と対戦し、自分の現在地を知ることができたのは大きな経験でした。自分が目指しているステージのレベルの高さが分かったので、何をすべきかが明確になりました」

〝松井裕樹〟の名が全国に知れ渡り、早くも翌年のプロ野球ドラフト会議の目玉とされるような存在となったが、決して天狗になることはなく、それどころか気持ちはより一層引き締まった。全国のトップレベルを肌で知ったことで、松井の闘志はさらに燃え上がっていたのだ。

そして、自分自身の甲子園での活躍はチームメートのおかげだと考えていたことも大きかった。

「この年の春は大会前の練習で打球を足に受けて、一時は松葉杖で生活をしていたんです。だから春の大会、僕は何もできませんでした。みんなが頑張って4回戦まで進出して夏のシード権を獲得してくれたんです。それがあったからこそ、夏の神奈川大会を勝ち上がっていって、甲子園にもつながったんです」

新たな武器

国体前に行われた秋季大会では準々決勝で敗れ、関東大会への切符をも逃した桐光学園高はセンバツ出場の可能性はこの時点でほぼなかった。松井たち桐光学園高ナインは、翌年の夏に気持ちを切り替え、冬場のトレーニングに励んだ。

すると春は、4回戦で横浜高に3対0で完封勝ちすると、準々決勝では横浜隼人高、さらに準決勝では日大藤沢高にいずれもコールド勝ちと、有力校を次々と破った。決勝では桐蔭学園高に0対4で敗れはしたものの準優勝し、関東大会ではベスト8に進出。2年連続での甲子園出場に期待が寄せられた。

夏の神奈川大会が近づくにつれて、前年の甲子園で脚光を浴びた松井への注目度は再び高まり、過去に3回全国制覇を成し遂げた報徳学園高（兵庫）や、その年の春のセンバツ覇者の浦和学院高（埼玉）などの強豪校との練習試合には、日本のプロ野球のみならず、メジャーリーグのスカウト陣も詰めかけた。

そんな中でも、松井は万全の仕上がりを見せていた。報徳学園高戦は6回を投げて15

奪三振、浦和学院高戦は1安打18奪三振で完封勝利を収めた。
「確実に2年生の時よりも、松井は強くなった」と野呂監督も教え子の成長した姿を頼もしく感じていた。要因の一つは、春から投げ始めたチェンジアップだった。結果論ではあったが、センバツに出場できなかったことで、フィジカルを一から鍛え直し、新たな球種を習得する時間があったことが松井を大きく成長させていた。このころにはキャッチャーの要求どおりに投げるのではなく、打者の反応を見ながら丁寧にコースに投げ分けるということもできるようになっていた。

夏の大会前には、右打者の外に逃げていくチェンジアップはスライダーに並ぶ武器と化していた。逆にスライダーよりも厄介とする指揮官もいたほどにキレがあった。大きく曲がり落ちるスライダーは打者にとっても〝消える魔球〟だったが、捕球するキャッチャーにとっても、それは難しい球だった。ワンバウンドになるスライダーを後逸するリスクもあり、新チームになって以降は、実際にそうしたミスが目立っていた。それをカバーしたのもチェンジアップだった。さらにレベルアップした松井は春、練習試合を含めて91回を投げて155奪三振、6失点という驚異的な数字を残した。

迎えた夏の神奈川大会。桐光学園高は5回戦まで4試合中3試合をコールド勝ちするなど順当に勝ち上がっていった。

7月25日、横浜スタジアムで行われた準々決勝、桐光学園高は横浜高と対戦した。前年の準々決勝と同じ顔合わせという注目のカードだった。松井は4回裏、先頭打者の四番・髙濱祐仁（阪神タイガース）にチェンジアップをバックスクリーンに運ばれたものの、それ以外はほぼ完璧に横浜高打線を抑えていた。

明暗が分かれたのは、2対1と桐光学園高が勝ち越した直後の7回裏だった。松井の146キロのストレートに対して横浜高の先頭打者が平凡なフライを打ち上げた。打球は完全に詰まらされており、内野フライで一死……と誰もがそう思ったが、ファーストとセカンドがまさかのお見合いをして打球を捕りこぼしてしまった。無死一塁となったが、まだ桐光学園高にもツキがあった。続く一番・川口凌がバントした球を走塁中に蹴ったために守備妨害となり、一死となったのだ。松井は少し安堵していた。

「実はバントした一番打者を最も警戒していて、彼にはその前にクリーンヒットを打たれていたんです。だからその打者がバントしてくれた時点でラッキーだと思いました。

しかも守備妨害でランナーも進塁できなかったので、助かったという気持ちになったことは確かです」

ここで2年生の主砲、二番・淺間大基（北海道日本ハムファイターズ）を迎えた。その淺間への初球、内角高めへの144キロのストレートを弾き返され、打球はライトスタンドに突き刺さった。痛恨の逆転2ランに、松井は思わず両膝に手をついた。

「それまではしっかりと抑えていたので、〝ここで打たれてしまったか〟と、悔いの残る1球になってしまいました」

2対3と1点ビハインドで迎えた9回表、二死一塁。桐光学園高の四番・坂本憲吾の打球をレフトがキャッチした瞬間、横浜高の勝利が決まった。松井はその一部始終をネクストバッターズサークルで見ていることしかできなかった。

「実は僕、2年夏の甲子園でもネクストバッターズサークルで最後を迎えたので、ちょっとフラッシュバックしました。その甲子園に再び戻って全国優勝することを目標にしていたので、それを達成できなかったことが残念でなりませんでした」

その約3カ月後の10月24日、プロ野球ドラフト会議では5球団が松井を1位指名。抽選の結果、東北楽天ゴールデンイーグルスが交渉権を獲得した。そのプロへの階段を一段一段上っていった高校3年間について、松井はこう振り返った。

「野球以外の部分もたくさん学ぶことができた3年間でしたし、当時の仲間とは会うとすぐにあのころに戻れる。それくらい、今も強い絆で結ばれていると思っています。僕にとっては特別な3年間でした」

松井にとって甲子園での思い出は、試合の勝ち負けだけではない。

「とにかく楽しい思い出として残っています。当時のメンバーで寮生は僕を含めて2、3人しかいなくて、そのほかはみんな自宅からの通いだったので、みんなで同じホテルに泊まること自体がうれしかったんです。試合がない日は練習が2時間しか割り当てられていなかったので、ホテルに帰って来たらゲームをしたりして、みんなで遊ぶのが楽しみでした。そんなふうに普通の高校生っぽい時間を過ごした良い思い出でしかありません」

WBCでの経験を力に

2023年3月に開催された第5回ワールド・ベースボール・クラシック（WBC）。14年ぶりの優勝に輝いた侍ジャパンの中に松井の姿もあった。

松井が初めて日本代表のユニフォームに袖を通したのも、また高校時代だった。13年9月、台湾で開催された第26回IBAF U-18ワールドカップだ。地元台湾代表との初戦で先発した松井は、159球を投げ、8回を1失点、12奪三振と好投。4対1での日本の勝利に大きく貢献した。その時、チームを指揮した西谷一浩監督（大阪桐蔭高）の言葉は今も松井の記憶に鮮明に残っている。

「大会期間中に東京オリンピックの開催が決定したというニュースが入ってきたんです。それで西谷監督はこう僕たちに言ってくれました。『東京オリンピックが開催する時には、お前たちは24、25歳と野球選手として一番いい年齢になっている。そんなお前たちが代表に選ばれて、日本を引っ張っていってほしい』と。当時はあまりピンと来ていませんでしたが、実際に今そういう年齢になったんだなと」

東京オリンピックには出場しなかったが、松井はプロ入り後、侍ジャパンのメンバーに何度も名前を連ねている。15年3月にはトップチームとしては歴代最年少の19歳で日本代表に選出され、ヨーロッパ代表との「GLOBAL BASEBALL MATCH」に出場。同年11月の第1回WBSCプレミア12にもクローザーとして起用された。

17年3月に行われた第4回WBCにも最年少選手として出場。3試合に救援登板し、無失点に抑えた。

そして23年のWBCでは登板こそ1次ラウンドの韓国戦での1イニングにとどまったが、日本を代表するリリーフ投手の一人として認められているからの選出だったことは間違いいない。

「あれほどのすごいプレーヤーたちが集まって、全エネルギーを注ぎながら戦うというのは本当にすごい経験をしているなと思っていました。その中で僕は使ってもらえるだけの実力がまだまだ足りていなかったんだなと。そういうことも思わせてもらえたので、すごくモチベーションが上がった中でシーズンに入ることができました」

そのシーズンでは、4月5日に史上4番目に速い445試合目でプロ野球9人目となる通算200セーブを達成した。その朗報に「鳥肌が立つ思いがした」というのは、野呂監督だ。

「松井が1年生のころ、僕は彼と同じように大きく曲がる変化球を得意としていた杉内俊哉投手や、古くは工藤公康投手といったプロの左投手を参考にするといいよ、というアドバイスを送っていました。松井も熱心にビデオを見ながら、部分的に真似をしたりしてフォームを改善していきました。でも高校2年の夏、甲子園を経験した後、僕は松井にこう言ったんです。『もう今のお前は、誰かを真似する段階ではないと思うよ。これからは〝松井裕樹〟というピッチャーを作り上げていってはどうだ?』と。あれから10年が経った今、松井の投球フォームはしっかりとした体幹のうえに、下半身を使ったバランスのいい投げ方をするようになりました。ある程度、出来上がっているのではないかと思います。一方で高校時代から変わらないものもあります。良い時の松井は、まるで前に飛んでいくように投げるんです。だからバッターからすれば、向かってくるイメージが今も昔もあると思います」

高校時代から体のケアもしっかりとやる選手だったという松井は、腕や肩、肘などに大きな故障を抱えたことがなく、体の強さも武器となっていた。しかし野呂監督は一度だけ、松井の体の異変を感じたことがあった。

松井が3年時の春の神奈川大会だ。横浜高との注目カードとあって、4回戦ながら会場の保土ケ谷球場には早朝から徹夜組を含む長蛇の列ができていた。しかしその日はあいにくの雨模様で、試合開始予定時刻の10時を過ぎてもゲートは開かなかった。

結局、4時間遅れで試合が始まったが、ぬかるんだグラウンドでのプレーは選手たちに余分な疲労を与えていた。そんな中、先発した松井は初回から3者三振で斬って取る最高の立ち上がりを見せた。2回以降も快投が続き、結局13個の三振を奪い、シャットアウト。桐光学園高が3対0で勝利し、ベスト8進出を決めた。

しかし、ぬかるみで緩くなっていたマウンドでは踏ん張るにも、いつもとは違う力が必要とされたはずだった。さらに足元のバランスを崩して制球が乱れないようにと、いつも以上に気をつかったことも容易に想像できた。そして、それらは松井の体に負担を強いていた。

「その試合の後、オフの日に、日ごろから通っていた病院にケアに行った際、松井が『いつもとは違う部分にちょっと張りを感じるんです』と言っていたとトレーナーから聞いて、〝あ、これは気を付けたほうがいいかもしれない〟と感じました。万全の状態でいつもと同じように投げていれば、150球でも200球でも、しっかりとトレーニングとケアをしていた松井なら故障をすることはなかったと思います。ところが雨でグラウンドがぬかるんだ状態で、しかも横浜さんとのビッグゲームを完投したわけですから、相当な負担がかかったのだろうと」

そこで野呂監督は、ある大きな決断をした。その後、準々決勝、準決勝と勝ち進み、臨んだ桐蔭学園高との決勝、本来なら先発でいくはずの松井を使わないことにしたのだ。

それは苦渋の決断だった。当然、松井が先発するだろうと楽しみにして球場に詰めかけたファンに対しても、相手の桐蔭学園高に対しても、申し訳ないという気持ちがあった。しかし、将来ある高校3年生の体を壊すことだけは絶対に避けなければならなかった。結果は、0対4で敗れた。

「なぜ松井を投げさせなかったんだ」

「関東大会進出が決まっていたから、投げさせなかったのでは?」

さまざまな意見や憶測が野呂監督の耳には届いていたが、10年間ずっとこの件については黙ってきた。言い訳をしたくなかったからだった。それでも「10年も経った今だから話せるかな」と、今回初めて打ち明けてくれたのだ。

そんな野呂監督は、今や「一人の松井ファン」。帰宅してまず最初にチェックするのが、楽天の試合だ。まだゲームが続いていれば、松井の出番を待ちながら試合を見るのが日課となっている。

「ありがたいことに松井が登場するのは最後なので、間に合うこともあるんです」

そう言ってほほ笑む表情は、まるで父親のような温かみを感じる。

松井には今、名球会入りの条件となる通算250セーブへの大きな期待も寄せられている。

しかし、本人はそう遠くを見据えてはいない。

「とにかく1年1年、一生懸命にやること。すべてはその積み重ねでしかないと思っています」

そんな松井は、高校球児や子どもたちにこんなメッセージを送る。

「高校野球もそうだし、何でも人生においては一瞬でしかない。だからその今という瞬間を大切にして、野球のプレーも、遊びも、全力で取り組む楽しさを味わってもらいたいと思います」

▲甲子園でも抜群のマウンド度胸、さらには大きく曲がり落ちる変化球で強打者たちを翻ろうした

松井裕樹にとって「高校野球」とは?

「野球以外の部分も
たくさん学ぶことができた3年間でしたし、
当時の仲間とは会うとすぐにあのころに戻れる。
それくらい、今も強い絆で結ばれていると思っています」

▶桐光学園高時代の主な戦績

2012年夏	選手権神奈川大会	2回戦	厚木北	○	4-0	
		3回戦	横須賀大津	○	12-1	
		4回戦	相洋	○	6-4	
		5回戦	百合丘	○	7-2	
		準々決勝	横浜	○	4-3	
		準決勝	平塚学園	○	5-3	
		決勝	桐蔭学園	○	11-4	
2012年夏	全国選手権大会	1回戦	今治西	○	7-0	完封　9回2安打22三振3四死球0失点0自責点
		2回戦	常総学院	○	7-5	完投　9回6安打19三振3四死球5失点5自責点
		3回戦	浦添商	○	4-1	完投　9回4安打12三振3四死球1失点1自責点
		準々決勝	光星学院	●	0-3	完投　9回6安打15三振3四死球3失点3自責点
2012年秋	神奈川大会	2回戦	中央農	○	7-0	
		3回戦	武相	○	13-2	
		4回戦	鎌倉学園	○	7-0	
		準々決勝	平塚学園	●	1-2	
2012年秋	国体	1回戦	倉敷商	○	1-0	
		2回戦	新潟明訓	○	4-3	
		準決勝	大阪桐蔭	●	0-13	
2013年春	神奈川大会	2回戦	柏木学園	○	8-1	
		3回戦	湘南学院	○	7-0	
		4回戦	横浜	○	3-0	
		準々決勝	横浜隼人	○	9-1	
		準決勝	日大藤沢	○	11-1	
		決勝	桐蔭学園	●	0-4	
2013年春	関東大会	2回戦	花咲徳栄	○	4-3	
		準々決勝	前橋育英	●	5-8	
2013年夏	選手権神奈川大会	2回戦	相洋	○	4-2	
		3回戦	上矢部	○	11-0	
		4回戦	綾瀬西	○	9-2	
		5回戦	横浜商大	○	11-1	
		準々決勝	横浜	●	2-3	

甲子園に出場した選手は学年に関係なく、出場年の地方大会、地区大会の戦績から掲載。

未出場の選手は最終学年の秋・春・夏の戦績。個人成績は甲子園出場時の成績のみを掲載

PROFILE

まつい・ゆうき● 1995年10月30日生まれ。神奈川県出身。174cm 74kg。左投左打。桐光学園高では1年夏からベンチ入りし、同秋からエース。2年夏には甲子園に出場し、1回戦の今治西（愛媛）戦で大会新記録の22奪三振をマーク。チームの8強入りの原動力になった。同秋は県8強で敗退。3年春の県大会では準優勝で関東大会に出場。同夏は8強で横浜高に敗れた。2014年ドラフト1位で東北楽天ゴールデンイーグルスに入団。2度のセーブ王（19、22年）に輝くなど、球界を代表するクローザーとして君臨。23年のWBCでも日本代表のブルペンを支えた。

侍《さむらい》ジャパン戦士《せんし》の
青春《せいしゅん》ストーリー
僕《ぼく》たちの高校野球《こうこうやきゅう》3
SPECIAL EDITION《スペシャルエディション》

2023年8月30日　第1版第1刷発行

編　　集／ベースボール・マガジン社
発 行 人／池田哲雄
発 行 所／株式会社ベースボール・マガジン社
〒103-8482
東京都中央区日本橋浜町2-61-9 TIE浜町ビル
電話　03-5643-3930（販売部）
03-5643-3885（出版部）
振替　00180-6-46620
https://www.bbm-japan.com/

印刷・製本／共同印刷株式会社

Printed in Japan
ISBN 978-4-583-11585-6 C0075
